GQ

GENTLEMAN'S GUIDE

FÜR EMILY

© Prestel Verlag, München · London · New York, 2019,
in der Verlagsgruppe Random House GmbH
Neumarkter Straße 28 · 81673 München

First published in Great Britain in 2018 by Mitchell Beazley,
a division of Octopus Publishing Group Ltd
Carmelite House
50 Victoria Embankment
London EC4Y 0DZ

Projektleitung für die deutsche Ausgabe: Stella Sämann
Übersetzung ins Deutsche: Andreas Schiffmann
Lektorat: Gerhard Seidl
Satz: Weiß-Freiburg GmbH – Graphik & Buchgestaltung
Herstellung: Andrea Cobré

Printed and bound in China

ISBN 978-3-7913-8536-5

www.prestel.de

GQ

GENTLEMAN'S GUIDE

**DAS HANDBUCH FÜR
ALLE LEBENSLAGEN**
CHARLIE BURTON

PRESTEL
MÜNCHEN • LONDON • NEW YORK

INHALT

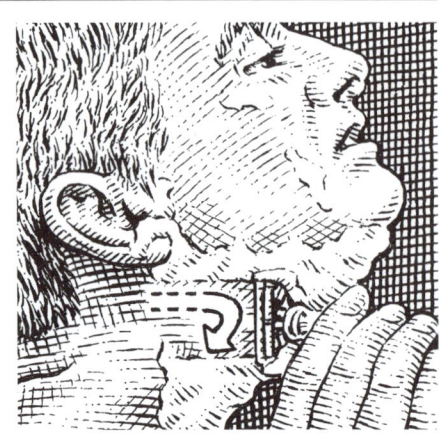

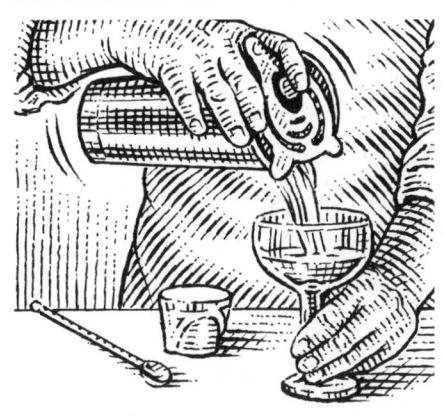

VORWORT

VORWORT

>> 1859 veröffentlichte der schottische Autor Samuel Smiles ein Buch, das den Grundstein für ein Genre legte. Es gab den Lesern Ratschläge zu allem Möglichen, vom Steigern des Selbstvertrauens bis zum Umgang mit Geld, veranschaulicht durch inspirierende Geschichten großer Persönlichkeiten. Geschäftsoptimierung vonnöten? Nehmen Sie sich ein Beispiel an Napoleons Militärorganisation. Rückschlag erlitten? Bedenken Sie, wie Sir Walter Scott, während er sich von einer Verletzung erholte, ein großartiges Gedicht schrieb. Smiles' *Selbsthilfe* wurde ein Riesenerfolg; als er 1904 starb, hatte er über 250.000 Exemplare verkauft.

Seitdem hat das Genre Auswüchse hervorgebracht, die ihn vermutlich entsetzt hätten. In der Regel spiegelt die Ausrichtung von Selbstvervollkommnungsliteratur den vorherrschenden Zeitgeist wider – so auch ein Trend, der seit einigen Jahren in der Sparte Persönlichkeitsentwicklung vorherrscht: das Credo „Glaub daran, und es wird wahr". Man richtet den Blick nach innen statt nach außen, hört auf Emotionen statt auf Fachleute. Steht solches Verhalten nicht bezeichnend für eine Ära, in welcher der britische Politiker Michael Gove behauptet, man habe „die Nase voll von Experten"?

Dieses Buch hat das nicht. Es geht auf die *GQ*-Kolumne „Bring Your ‚A' Game" zurück, die für Männer reizvolle Tätigkeiten vorstellt und in 5 Schritten zeigt, wie sie richtig gut gelingen. Zu denken, wir wüssten das in jedem Fall, wäre anmaßend, also haben wir Fachleute hinzugezogen. Bald wurde uns klar, dass wir mehr Insiderwissen sammelten, als ins Magazin passte. Darum gibt es jetzt dieses Buch; hier finden Sie Heftbeiträge in ausführlicher Form und eine Menge brandneuer Themen. Wir betrachten die Zusammenstellung nicht als aufwendiges System oder Lebensphilosophie, sondern eher im Geiste von Smiles' Werk: als Soforthilfe von Mentoren, an die man sich wenden kann, um sich zu verbessern, ob beim Sport oder auf Reisen, in der Liebe oder in der Küche, in puncto Kleidung und in vielen weiteren Bereichen.

In einigen übernimmt *GQ* als seit 1988 führendes Monatsmagazin für Herrenmode und Lifestyle die Rolle des Mentors. Falls es darum geht, wie man einen Schal trägt, einen markanten Look entwickelt, Anzugfliegen bindet oder ein anderes Thema aus unserem Spektrum ...

Meistens verweisen wir aber auf eine von insgesamt 63 externen Koryphäen. Naturgemäß werden Ihnen einige Namen bekannt vorkommen. Jamie Oliver zeigt uns beispielsweise, wie man das perfekte Steak zubereitet, und Tracey Emin erzählt, wie man ein Bild künstlerisch ansprechend aufhängt. Um herauszufinden, wie man elegant

in ein Schwimmbecken springt, besuchte ich Tom Daley; in Sachen Unternehmensgründung telefonierte ich mit Sir Richard Branson, der sich von einer Hängematte auf Necker Island meldete (na, zeugt das nicht von einem echten Siegertypen?). Außerdem geben Instanzen wie William Hague, Dynamo, Alastair Campbell, Andy McNab und Jorja Smith Weisheiten zum Besten.

Neben den Prominenten habe ich mich auch mit Personen ausgetauscht, die Sie vielleicht nicht kennen, obwohl sie in ihren Bereichen unangefochtene Kapazitäten sind, etwa Jon Kabat-Zinn, der 1979 an der medizinischen Fakultät der Universität Massachusetts eine Einrichtung zur Stresslinderung gründete. Dort sollte chronisch Kranken, bei denen herkömmliche Behandlungen nicht anschlugen, durch Meditation geholfen werden. Diese war damals noch als dubiose New-Age-Mystik verschrien, doch Kabat-Zinn, Doktor der

Molekularbiologie, befasste sich wissenschaftlich damit. Nach und nach etablierte sich seine „achtsamkeitsbasierte Stressreduktion" im Mainstream. Sollten Sie sich also fragen, woher der momentane Mindfulness-Boom rührt – er hat ihn begründet und ist die erste Adresse, wenn es um Tipps zum Meditieren geht.

Faszinierend war auch mein Gespräch mit Joe Navarro, der als FBI-Spezialagent Spione anhand ihrer Körpersprache entlarvte. Sein berühmtester Fall begann bei einem Routineverhör eines verdächtigen US-Soldaten. Der zuckte jedes Mal, wenn der Name eines kürzlich festgenommenen Verräters erwähnt wurde, mit der Hand, in der er seine Zigarette hielt. „Alle meinten: ‚Quatsch, eine wackelnde Zigarette ist keine Grundlage für Ermittlungen'", erzählte Navarro. „Schließlich brachte ich ihn dazu,

eine größer angelegte Verschwörung zu gestehen – und erfuhr, dass unsere Atombombeneinsatzcodes nicht mehr geheim waren." Navarro wurde daraufhin Berater für nonverbale Kommunikation. Er erläutert im Kapitel Beruf & Karriere die Psychologie hinter einem überzeugenden Händedruck.

Dieses Buch zusammenzustellen war lehrreich. Ich erfuhr, dass sich mithilfe von Zucker mitreißende Reden halten lassen, wie man sich mit nur einem Wort in Streitgesprächen durchsetzt und ein Stuhl Leben retten kann. Ein bemerkenswerter Tipp stammt von Oli Barrett, dem laut *Wired* „am besten vernetzten Mann Großbritanniens". Während unserer Unterhaltung über Networking erwähnte er einen Kontakt, der seine Firma für über eine Milliarde Dollar verkauft hatte. „Sein Erfolgsgeheimnis bestand darin", sagte Oli, „Investoren, denen er im Lauf der Zeit begegnet war, handschriftlich darauf hinzuweisen." Mein Postausgang zeugt davon, wie sehr ich mir das zu Herzen genommen habe.

Bei manchen Dingen änderte ich meine Herangehensweise grundlegend, z. B. bei der Zubereitung von Ribeye-Steaks. Ich dachte, ich hätte das Braten ganz gut drauf – ein Steak ist eben ein Steak, nicht wahr? In Jamies Versuchsküche sah ich jedoch schnell ein, dass es eine viel raffiniertere Technik als meine eigene gibt. „Rindersteaks sind das teuerste und geschichtsträchtigste Fleisch, das gemeinhin gegessen wird", führte er aus. „Wer es also wie Geflügel oder Schwein behandelt, ist ein Trottel." Seine bevorzugte Methode strotzt vor cleveren Kniffen; ich habe sie flugs übernommen.

Ich habe schon als Kind gern aus Büchern gelernt. Die Vorstellung, etwas Außer- gewöhnliches erreichen zu können, indem man schlicht einer Anleitung folgt, brachte mich dazu, die Nase in Literatur über Gitarrenspiel, Kung-Fu, Kartentricks, Poker, Barkeeping und sogar (darauf bilde ich mir nichts ein) Mundharmonikablasen zu stecken. Mitunter lernte ich unnötiges Zeug wie Hypnose oder Schlossknacken, aber zu begreifen, wie etwas funktioniert, ist aufregend, auch wenn man es nie selbst tun würde. Daher behandelt das letzte Kapitel hier das Unerwartete. Hoffen wir, uns nie vor Kidnappern oder dem Ersticken retten und ein Flugzeug mit Triebwerkschaden landen zu müssen.

Falls doch, viel Glück.

1:

ESSEN & TRINKEN

„Kochen ist Kunst" – so der Gastro-Experte Nathan Myhrvold. „Doch in keiner Kunstform kommt man ohne technische Fertigkeiten aus." Genau darum geht es in diesem Kapitel. Einem gewöhnlichen Rezept am nächsten kommt unsere Anleitung zum Braten des perfekten Steaks – in erster Linie handwerkliches Können. Der Rest ist praxisbezogen und teils Feinabstimmung (besser schneiden, abgebrochene Weinkorken entfernen); doch manche Tipps erfordern, dass Sie etwas von Grund auf neu lernen. Halten Sie sich für einen Grillmeister? Von wegen …

DAS PERFEKTE STEAK BRATEN

» Steaks zuzubereiten erfordert Respekt. Für Rindfleisch werden erheblich mehr Produktionsmittel aufgewendet als in der Geflügel- oder Schweinezucht, also kaufen Sie es für besondere Anlässe und achten Sie auf Qualität. „Zwischen 20 und 40 Tage sollte es am Knochen abhängen, das ist unerlässlich", betont Jamie Oliver. Der britische Starkoch rät zum Kauf beim Schlachter statt im Supermarkt und betrachtet Stücke vom mit Gras gefütterten Vieh als das Optimum. Wählen Sie 4 cm dicke Steaks zum Teilen. „Niemals pro Person kaufen", sagt er. „Beim Braten dicker Stücke dürfen Sie sich etwas mehr Zeit lassen, während sich die Kruste bildet – so eine herrlich knusprige Außenschicht." Schlagen Sie das rohe Fleisch in Backpapier und legen Sie es in den Kühlschrank. Sie sollten es innerhalb von zwei Tagen zubereiten – laut Oliver am besten so …

1: DAS FETT SCHMELZEN

Nehmen Sie das Steak mindestens eine Stunde vor dem Braten aus dem Kühlschrank. Vielleicht haben Sie das so gelernt, aber man braucht weder Öl noch Gewürze am rohen Fleisch. Das Fett des Tiers genügt zum Braten und als Geschmacksträger. „So schmeckt man, woher das Rind kam", bemerkt Oliver. Geben Sie etwas abgeschnittenes Fett in eine kalte Pfanne und braten Sie es bei mittlerer Hitze an. Legen Sie dann das Steak hinein, drücken Sie den Fettrand an. „Er schmilzt wie Wachs." Wenden Sie es, sobald es knusprig und karamellfarben ist.

2: DEN PFEFFER VORBEREITEN

Wenden Sie das Steak nach je einer Minute, ansonsten dringt die Flüssigkeit im Fleisch nach oben, statt im Kern zu bleiben. Inzwischen zerstoßen Sie mehrere Pfefferkörner in einem Mörser und sieben die Splitter aus. „Die Schale und das Innere eines Pfeffer-korns schmecken jeweils ein wenig anders. Beim Sieben entfernen Sie die trockene Außenhülle von der Essenz des Gewürzes." Stellen Sie den gesiebten Pfeffer für später beiseite.

3: DEN GESCHMACK VERSTÄRKEN

„Was zusätzliche Geschmacksnoten betrifft, dürfte Rosmarin zum festen Inventar der englischen und italienischen Küche gehören." Verwenden Sie die Zweige wie einen Pinsel, indem Sie sie mit dem Öl in der Pfanne tränken und dann das Fleisch damit betupfen. „Streicheln Sie das Steak mit dem Rosmarin." Knoblauch ist eine weitere leckere Zutat. Oliver halbiert gern eine ganze Knolle und reibt das Fleisch damit ein, ehe er sie zum Mitgaren in der Pfanne lässt. Ein Steak dieser Dicke sollte nach 10 Minuten medium-rare sein, also salopp ausgedrückt: halb durch.

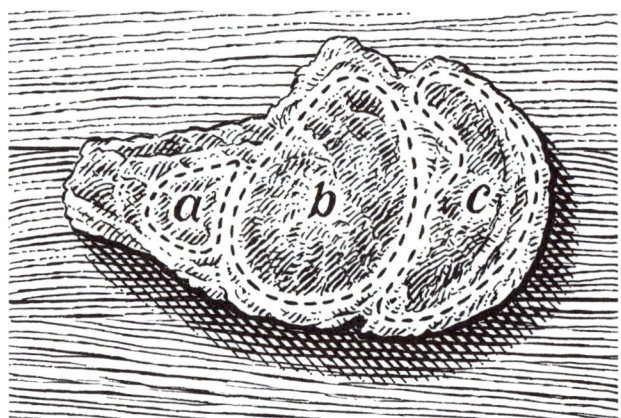

4: DAS ZUSCHNEIDEN

Nehmen Sie das Steak vom Herd und lassen Sie es 5 bis 7 Minuten mit dem Rosmarin in einer Porzellanschüssel ruhen. Legen Sie es dann auf ein Holzbrett. Betrachten Sie es genau: Es besteht aus drei einzelnen Muskeln, die unterschiedlich gemasert sind und deshalb jeweils anders zubereitet werden sollten. Schneiden Sie das Auge (b) in 1 cm dicke Scheiben. Der Hochrippendeckel (c) wird grob gewürfelt, das Endstück (a) wiederum geschnitten, hauchdünn, fast wie Sashimi. Entfernen Sie große Fettstücke.

5: WÜRZEN UND SERVIEREN

Streuen Sie grobes Salz und den Pfeffer aus einer gewissen Höhe über das Fleisch. „Das ist keine Wichtigtuerei, die Gewürze verteilen sich so gleichmäßiger." Beträufeln Sie das Steak mit nativem Olivenöl extra, servieren Sie es mit gedünstetem Gemüse und gestampften Bratkartoffeln.

Beim Essen mit Freunden kann jeder etwas beisteuern. „Steaks sind etwas für besondere Anlässe, es sollte feierlich zugehen", so Oliver. „Sie kümmern sich um das Fleisch, jemand anderes bringt Salat oder guten Wein mit – dann wird's richtig schön."

PROFI-MIXEN MIT DEM BOSTON SHAKER

» 1806 begann der findige Bostoner Geschäftsmann Frederic Tudor, Eis aus den Gewässern in Massachusetts in wärmere Regionen zu exportieren. Für seine Idee wurde er verspottet. „Kein Scherz", empörte sich die *Boston Gazette* in jenem Februar. „Ein Schiff voller Eis ist aus dem Hafen nach Martinique aufgebrochen. Hoffen wir, dass es schneller verkauft wird, als es schmelzen kann." Während die Presse höhnte, hatte Tudor richtig erkannt, dass Eis vielerorts außerhalb Neuenglands als Luxusgut gefragt war. In den folgenden Jahrzehnten florierten ähnliche Unternehmen, und Eis beflügelte weltweit die Fantasie. 1840 wurde in einem Schaufenster in London ein Eisblock ausgestellt. „Die Londoner betrachten ihn staunend", schrieb ein Neuengländer einem Freund zu Hause. Während sich Eis weiter verbreitete, revolutionierte es das Mixen von Getränken.

Zuvor hatten Cocktailrezepte schlicht ausgesehen: ein bisschen Hochprozentiges, eine Prise Zucker, womöglich etwas Wasser und Bittermittel, alles verrühren. Als Barkeeper Eis entdeckten, „wurden die Drinks ausgefallener", sagt Agostino Perrone, der Mixexperte der preisgekrönten Londoner Connaught Bar. „Eis kühlt nicht nur, sondern es macht das Mixen auch effizienter." Weil Cocktails mit Zutaten wie Ei und Fruchtsaft immer komplexer wurden, genügte bloßes Rühren nicht mehr, man musste schütteln. Dazu wurde der Shaker erfunden. In seiner frühesten Form, die Mitte des 19. Jahrhunderts aufkam, bestand er aus 2 zusammengehaltenen Gefäßen – sie wurden als Boston Shaker bekannt. Er ist heute die erste Wahl beim Zubereiten von Longdrinks. Perrone zeigt uns, wie er's macht…

» 1: DAS RICHTIGE ARBEITSMITTEL

Kaufen Sie einen Boston Shaker aus stabilem Metall statt aus Glas oder Blech. Er ist aus mehreren Gründen vorzuziehen. „Ich habe lange mit Glas-Shakern gearbeitet", erinnert sich Perrone, „doch Metall kühlt das Getränk besser und kann nicht zerbrechen." Geben Sie alle Zutaten in den kleineren Behälter und füllen Sie den größeren zu zwei Dritteln mit Eiswürfeln.

2: DICHT HALTEN

Gießen Sie die Flüssigkeit in einer Bewegung über das Eis und setzen Sie den kleineren Behälter auf den Innenrand des größeren. Neigen Sie ihn so, dass die Wände an einer Seite eine völlig gerade Linie ergeben. Auf der anderen bilden Sie eine halbmondförmige Einbuchtung.

3: KORREKT GREIFEN

Schlagen Sie oben drauf, um sicherzugehen, dass der Shaker verschlossen ist, und heben Sie ihn an. Packen Sie den unteren Teil mit links, indem Sie Zeige- und Mittelfinger an die Bodenkante legen, den Daumen an die Seite. Die übrigen Finger sind zum Aufstützen da. Sie sollten den oberen Teil mit rechts festhalten, den Daumen auf ihn drücken und auch hier die anderen Finger zum Stützen nutzen.

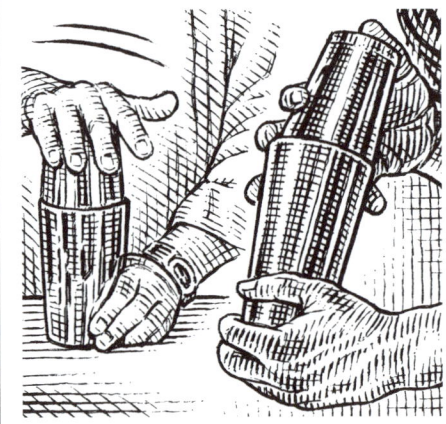

4: SCHÜTTELN

Halten Sie den Shaker seitlich mit der geraden Seite nach unten. Schütteln Sie, als würden Sie eine Acht in die Luft schreiben. Dabei zerbrechen die Eiswürfel nicht, was den Drink zu stark verwässern würde. Merke: „Steht jemand vor ihnen, schütteln Sie niemals in seine Richtung, falls ... ein Missgeschick passiert." Fahren Sie fort, bis das Metall so kalt ist, dass Sie es fast nicht mehr aushalten, und stellen Sie den Shaker ab. „Zum Öffnen schlagen Sie am Ansatz der Wölbung dagegen" (*siehe* 2). Der Zeigefinger bleibt am Oberteil, damit es nicht wegfliegt.

5: DARAUF HABEN SIE GEWARTET

Beim Einschenken des Drinks fangen Sie die Eiswürfel in einem Barsieb auf. Und jawohl, auch das kann man falsch machen. Halten Sie den Shaker mit einer Hand und haken Sie den Zeigefinger oben in das Sieb, damit es nicht abrutscht. Gießen. Augen schließen. Genießen.

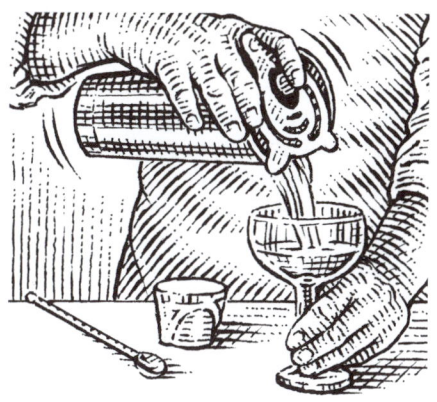

STILVOLL SUSHI ESSEN

» Sie können Sashimi (dünn geschnittenen Frischfisch) von Nigiri (Reisröllchen mit rohen Meeresfrüchten) auseinanderhalten und wissen, was sich schickt (den Koch fragen, was er heute empfiehlt) bzw. was nicht (Essstäbchen aneinander reiben). Seit diese Delikatesse jedoch weltweit gegessen wird, haben sich viele Irrtümer über die Etikette in Sushi-Bars verbreitet. Wir fragten den japanischen Promi-Koch Nobu Matsuhisa von der international renommierten Restaurantkette Nobu nach den kleinen Feinheiten, die Kenner von Heuchlern unterscheiden ...

1: DIE BESTECKWAHL

Sashimi isst man mit Stäbchen, Punkt. Andere Arten von Sushi dürfen Sie gern mit den Fingern essen. „Sie können das wie mit Stäbchen tun, bloß eben mit Daumen und Zeigefinger", erklärt Matsuhisa. „Es gibt Leute, die Fisch ungern anfassen – das geht natürlich in Ordnung, dann benutzen sie eben Stäbchen."

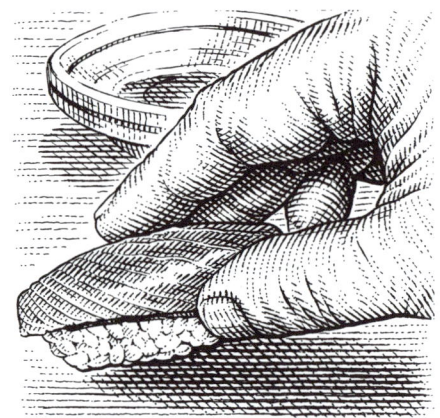

2: WARUM INGWER?

Nein, Ingwer ist nicht bloß als Beilage gedacht. „Nachdem Sie etwa ein Stück Sushi mit Thunfisch gegessen haben und eins mit Lachs möchten, kauen Sie Ingwer, um Ihren Mundraum zu reinigen. Dann können Sie den nächsten Happen ohne Geschmacksverfälschung probieren."

3: DIPPEN: NICHT ZU TIEF

Wenn Sie Nigiri essen, tunken Sie nur den Fischanteil in die Sojasoße, denn falls Sie es mit dem Reis tun, zerbröckelt das Sushi. Noch wichtiger ist: sparsam dippen. „Ansonsten schmecken Sie nur Sojasoße und keine der feinen Nuancen, die Sushi so köstlich machen. Ich empfehle je Stück bloß ein bisschen Sojasoße."

4: UMDREHEN

Führen Sie Nigiri mit dem Fisch nach unten in den Mund. „Das ist sinnvoll, weil er einen Großteil des Geschmacks trägt. Ich würde es aber nicht tun, wenn ich ihn vorher in Sojasoße getunkt hätte." Anmerkung: Nigiri sind dazu gedacht, in einem Bissen verzehrt zu werden. „Ein ordentlicher *Itamae* (Sushi-Koch) bereitet sie auch so zu, dass das möglich ist."

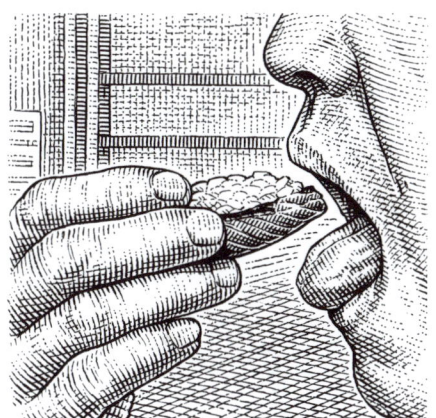

5: HEISSER TIPP

Wahrscheinlich enthält Ihr Sushi bereits Wasabi. Sollten Sie aber mehr brauchen, geben Sie es direkt mit Ihren Stäbchen auf den Fisch. „Nur eine geringe Menge, so groß wie eine Erbse oder weniger – es soll ja nicht nur nach Wasabi schmecken." Die Paste hingegen mit Sojasoße vermischen? Amateurhaft!

GRILLEN MITHILFE DER WISSEN- SCHAFT

» Ein Barbecue scheint keine große Sache zu sein – Grill anfeuern, Fleisch drauf, ein Weilchen warten –, ist aber in Wirklichkeit eine Kunst. Deren Meister treffen sich zu internationalen Wettkämpfen, wie der jährlichen WM in Memphis im US-Bundesstaat Tennessee. Zum Siegerteam gehörte 1991 Nathan Myhrvold, ein gebürtiger Seattler und Feinschmecker, der schon als junger Teenager Kochbücher verschlang. Schließlich ließ er sich an der berühmten École de Cuisine La Varenne in der Bourgogne ausbilden – wurde aber kein Koch. Er besaß nämlich schon einen Beruf, und zwar in der Wissenschaft.

Myhrvold hatte an der Universität Princeton in Theoretischer und Mathematischer Physik promoviert sowie ein Jahr unter Stephen Hawking an der Universität Cambridge gearbeitet. Zur Zeit der Meisterschaft war er Vizepräsident von Microsoft, später wurde er Technischer Direktor des Konzerns. Im Lauf der Jahre haben sich seine beiden Leidenschaften jedoch zusehends überschnitten.

2011 veröffentlichte Myhrvold die beispiellose Enzyklopädie *Modernist Cuisine* in sechs Bänden mit insgesamt 2.438 Seiten. Darin widerlegte er anhand jahrelanger Forschung weit verbreitete kulinarische Irrtümer und legte die besten Techniken zur Essenszubereitung fest. Chefkoch David Chang sprach vom „ultimativen Kochbuch". Logischerweise hat Myhrvold viel übers Grillen herausgefunden, vor allem einen wichtigen Punkt: „Entgegen landläufiger Meinungen ist für den Geschmack egal, ob man mit Kohle oder Gas grillt", erzählt er *GQ*. „Eine Gasflamme hat nicht viel Romantisches an sich, erfüllt ihren Zweck im Grunde aber genauso gut."

Schürze umgebunden?

Dann zu Myhrvolds heißesten Tipps ...

1: GLITZER-ERHITZER

Legen Sie das Innere des Grills mit Alufolie aus. Dadurch verstärken Sie die Infrarotstrahlung, die das Essen gart. Myhrvold vergleicht die Wirkung der Folie mit der Reflexion von Spiegeln, die einander gegenübergestellt sind. „Das Feuer wird quasi ins Unendliche vervielfacht", schreibt er. „Es scheint über den Rand des Grills hinauszureichen." Dadurch vergrößert sich sein „Sweetspot": der Bereich, in dem die Hitze einheitlich bleibt, sodass die Speisen gleichmäßiger garen.

2: DIE KOHLE HÄUFEN

Falls Sie Kohle zum Grillen verwenden, schichten Sie die Briketts zu einer Pyramide auf, damit die Kontaktflächen zwischen ihnen möglichst groß sind. Zünden Sie sie mit einem Gasbrenner an, was umso schneller geht, wenn Sie die Flamme an die spitz zulaufenden Kanten halten. Bei dieser Methode braucht man kein Feuerzeug. „Mit Feuerzeugbenzin klappt es auch", sagt Myhrvold, „aber benutzt man zu viel, riecht und schmeckt das Essen danach." Sobald die Kohlen weiß glühen, verteilen Sie sie gleichmäßig flach.

3: ABTROCKNEN

Jetzt wird's ernst. Tupfen Sie das Grillgut zuerst trocken. „Wasser an Lebensmitteln verbraucht viel Energie, während es verdampft." Wer das übertrieben findet, dem schildert Myhrvold einen klassischen wissenschaftlichen Beweis, bei dem eine nasse Hand kurz in einen Tiegel mit geschmolzenem, 600 °C heißem Blei getaucht und unverletzt herausgezogen wird. „Das funktioniert, weil Wasser zum Verdampfen eine ganze Menge Hitze benötigt."

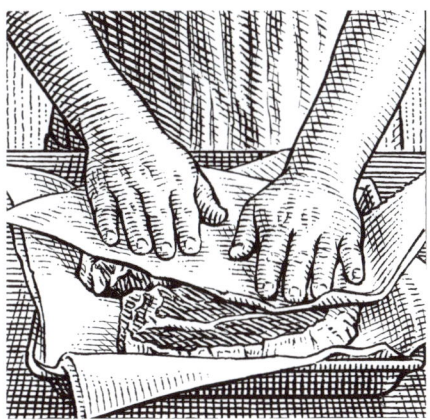

4: FETT IST IHR FREUND

Mageres Fleisch oder Gemüse grillen?
Legen Sie die Stücke neben fettes Fleisch,
denn der typische Barbecue-Geschmack
entsteht, wenn Fett auf die Kohlen tropft und
verdampft (die Vorstellung, Kohle würde von
sich aus Aromen erzeugen, ist völlig falsch).
Falls Sie kein fettes Fleisch haben, versprühen Sie einfach zerlassene Butter. „Ein
bisschen kann man direkt ins Feuer spritzen",
so Myhrvold, „doch Butter auf dem Essen hat
den Vorteil, dass Sie langsamer auf die Kohle
tropft."

5: FÖHN BENUTZEN (IM ERNST)

Für dickes Fleisch wie Steaks blasen Sie erst
mit einem Föhn durch die Luftöffnung des
Grills, bis die Kohle glühend heiß ist. Dann
braten Sie die Steaks scharf an und legen
sie in eine Pfanne, garen Sie sie bei niedriger Hitze in einem Ofen zu Ende. „Klingt
langweilig, ist aber am besten, damit sie
nicht verbrennen", stellt Myhrvold klar. An
einem Fleischthermometer erkennen Sie,
wann die Steaks fertig sind. 50 °C bedeutet
bleu, 52 °C englisch, 55 °C medium-rare und
60 °C medium. „Alles, was heißer ist", sagt
Myhrvold und lacht, „können Sie vergessen."

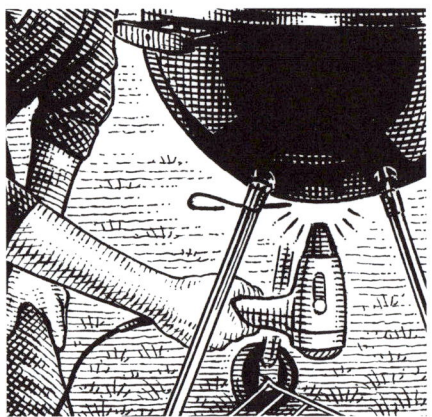

SCHNELL SCHNEIDEN WIE EIN PROFIKOCH

» Teure Utensilien oder edle Zutaten sind schön und gut, aber ohne eine unverzichtbare Fähigkeit werden Sie nie ein guter Koch. „Wer ganz oben mitmischen will, muss mit seinen Messern umgehen können", bestätigt Sterne- und Fernsehkoch Jason Atherton, der Pollen Street Social in London und 15 weitere Restaurants weltweit betreibt. In eine hochwertige Klinge zu investieren lohnt sich. „Man braucht ein 20 bis 23 cm langes All-zweckküchenmesser aus zu ungefähr 10 Prozent flexiblem Metall." Zuerst sollten Sie das Zerkleinern von Gemüse lernen. So schnell kann's der Fachmann ...

1: EINE FRAGE DER HALTUNG

Packen Sie den Griff fest mit dem Daumen an der Seite, sodass Mittel- und Ringfinger auf die Handinnenfläche zeigen. Der Zeigefinger sollte auf der Oberkante liegen, um Druck auszuüben und das Messer zu führen. „So kann man es quer unter Sachen schieben oder auf ihrer Oberseite schneiden", sagt Atherton, „alles je nach Bewegung dieses einzelnen Fingers."

2: VORSICHT

Halten Sie Lebensmittel wie auf dem Bild mit dem „Klauengriff", ohne das Brett zu berühren. Winkeln Sie die Fingerspitzen sicherheitshalber an. Bei dickerem Gemüse schieben Sie zwei Fingerknöchel vor; für etwas Dünneres, Rundlicheres wie Zuc-chini reicht ein Knöchel, aber laut Atherton „braucht man die Finger für besseren Halt."

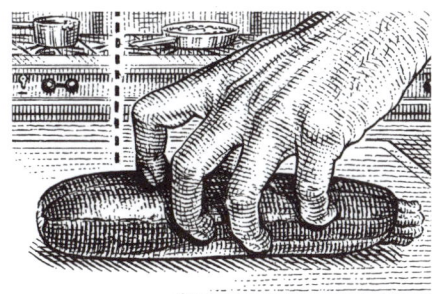

➤➤ 3: HACKE, HACKE...

Wenn Sie die Klinge gegen den Mittelknochen des oder der vorderen Finger(s) halten, kann wenig passieren. Zum Schneiden bewegen Sie das Messer, als sei der Griff an einem Rädchen befestigt, das sich auf Sie zu dreht. So teilt es das Lebensmittel mit jeder Vorwärtsbewegung weiter. „Die Klingenspitze sollte die ganze Zeit über in Kontakt mit dem Brett bleiben."

4: DIE KRABBELSPINNE

Schieben Sie Ihre Finger beim Zerteilen rückwärts zum Handgelenk, ohne den Daumen wegzunehmen, und schneiden Sie weiter mit der Klinge an den Gliedern der Finger. Wenn Sie zu stark gebeugt sind, um fortzufahren, halten Sie die Fingerknöchel unverändert, rutschen aber mit dem Daumen zurück, um ihre Hand zu entlasten („wie eine Spinne"), und setzen neu an.

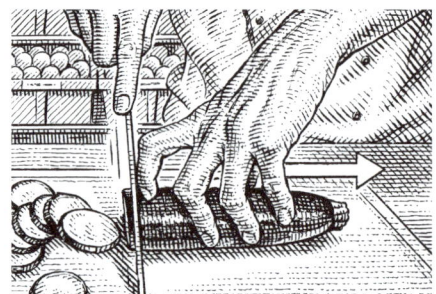

5: RESTE ENTFERNEN

Wenn Sie fertig sind, bleiben üblicherweise Gemüsestücke am Metall kleben. Es mit einem Finger abzuwischen liegt nahe, doch das ist keine gute Idee. „Schieben Sie die Stücke einfach mit dem Daumen über die scharfe Seite der Klinge hinunter. Niemals mit Fingern daran entlangfahren – mein Gott!"

KAFFEE SERVIEREN, DER FAST ZU SCHADE ZUM TRINKEN IST

1992 bekam man im renommierten Café Espresso Vivace in Seattle erstmals Latte mit Rosetten im Schaum. Es wurde zu einem Grundmotiv der „Latte Art". Dieser vage Begriff für solche Verzierungen kursierte nach und nach auf der ganzen Welt. Meister dieses Fachs ist Marco Arrigo, der im Espresso Vivace arbeitete und angehenden Baristas empfiehlt, Latte Art zu lernen, weil sie ein Gefühl fürs Ausgießen von Milch vermittelt. Er leitet die Qualitätskontrolle der Kaffeemarke Illy und gründete 2008 die University of Coffee in London. Hier seine Schritte zu einer Vorzeige-Rosette ...

1: DIE MILCH MACHT'S

Bereiten Sie einen ordentlichen Espresso zu: angemessen sämig mit dicker *crema* (die hellbraune Schaumschicht an der Oberfläche des Kaffees). Als Nächstes füllen Sie eine mittelgroße Metallkanne bis zum Ansatz des Ausgusses mit Milch. „So kann ich mich am Ausguss orientieren, um zu messen, wie viel Schaum ich erzeuge", erklärt Arrigo.

2: VOLLDAMPF

Tauchen Sie eine Dampfdüse 2 bis 3 mm tief nahe an der Innenwand der Kanne ein. Halten Sie die Kanne leicht angewinkelt, damit sich beim Ansaugen der Luft ein Strudel bildet. Während die Milch Blasen schlägt, neigen Sie die Kanne langsam. Lassen Sie den Schaum bis auf ungefähr die halbe Höhe der Düse steigen.

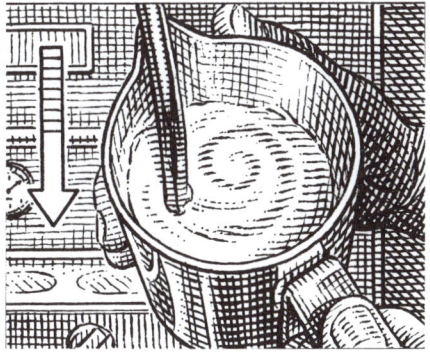

3: DER SCHAUMSCHLÄGER

Zeit für den samtigen Milch-„Mikroschaum", in den man Motive malen kann. Schwenken Sie die Kanne zwei Sekunden lang und schlagen Sie sie mit dem Boden auf die Arbeitsfläche. Wiederholen Sie den Vorgang zweimal. Schütten Sie die obere Schicht aus größeren Blasen ab – der feine Schaum befindet sich darunter.

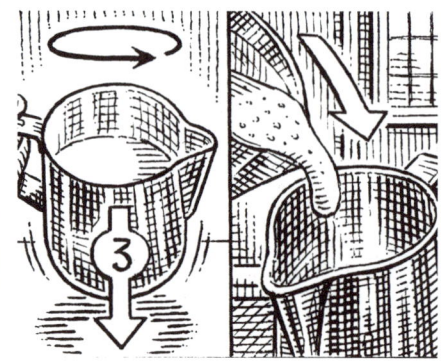

4: DER HANDSTREICH

Greifen Sie die Kanne locker mit Daumen, Zeige-, Mittel- und Ringfinger. Halten Sie den Boden genau über die Tasse und kippen Sie die Kanne von dieser Position aus, um die Milch in die Mitte der Tasse zu geben. Der spitze Winkel zwingt Sie dazu, schneller zu gießen, als Sie es normalerweise tun würden.

5: UND DER BLÜTENZAUBER

Wenn die Tasse halb voll ist, gießen Sie die Milch näher zum entgegengesetzten Rand hin und dann zurück zu Ihnen, während Sie die Kanne immer sachter hin und her schwenken. Nun sehen Sie die Blattrosette. Ziehen Sie den Milchstrahl rasch in die andere Richtung, um einen Stengel durch die Mitte zu zeichnen.

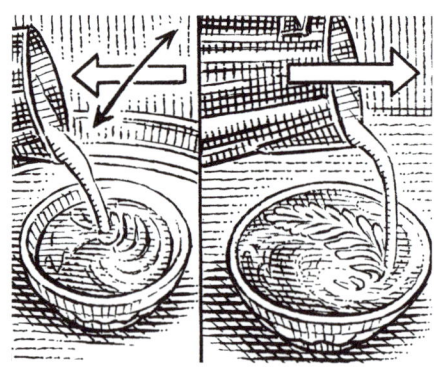

WAS TUN BEI KORKEN-BRUCH?

>> Ein abgebrochener oder brüchiger Korken bedeutet nicht, dass Ihr Wein verkorkt ist. Dabei handelt es sich um einen häufigen Trugschluss, denn „Verkorken" bezieht sich streng genommen auf einen muffigen Geschmack, den der in der Natur vorkommende Stoff Trichloranisol erzeugt. Wein in einer Flasche mit bröckelndem Korken kann noch uneingeschränkt genießbar sein. Es liegt an Ihnen, ihn zu retten. Giovanni Ferlito ist Leiter der Wein- und Getränkegastronomie im Londoner Ritz Hotel, das über 800 verschiedene Weine anbietet. Kaputte Korken gehören für ihn zum Alltag – er geht folgendermaßen damit um. „All diese Techniken werden vielleicht vor Ihren Augen angewandt, ohne dass Sie es bemerken, weil der Sommelier es ziemlich flink tut."

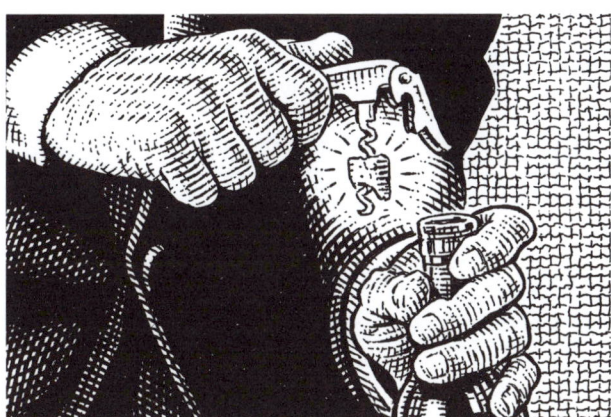

1: KORKENZIEHER WEG!

Sobald Sie spüren, dass ein Korken nachgibt – als würden Sie die Spindel in Butter bewegen –, hören Sie sofort auf und drehen Sie sie vorsichtig heraus. Keine Sorge, Sie haben nichts falsch gemacht; der Korken selbst ist die Ursache. Oft ist er mit dem Alter spröde geworden, doch auch neuere Korken können sich auflösen, wenn Sie zu viel Feuchtigkeit aufnehmen. „Ein weiterer Grund mag darin bestehen, dass die Flasche stehend gelagert wurde. Wein sollte unbedingt liegend aufbewahrt werden, damit er mit dem Korken in Berührung bleibt und dieser nicht austrocknet."

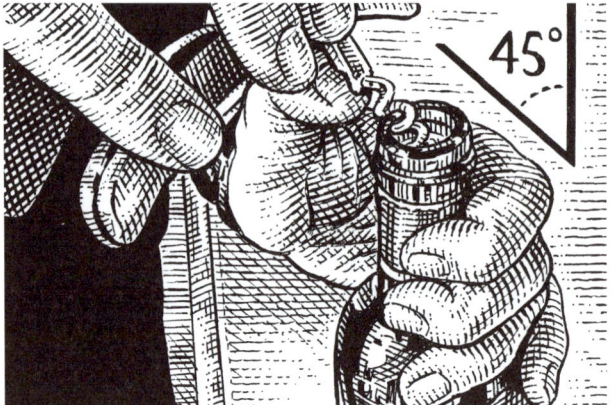

2: TREFFEN SIE EINE ENTSCHEIDUNG

Falls es kein ausgesprochen teurer Wein ist oder der Korken beim Ziehen abbricht, können Sie es durchaus erneut mit dem Korkenzieher versuchen. „Drehen Sie ihn nicht an derselben Stelle wie zuvor hinein, denn dort ist das Material schon brüchig." Drehen Sie den Korkenzieher lieber sachte in einem 45-Grad-Winkel hinein. Ziehen Sie, bis Sie den Korken zu fassen bekommen. Sobald Sie ihn fest packen können, nehmen Sie ihn behutsam heraus. „Mit den Fingern hat man viel mehr Gefühl als mit dem Gerät."

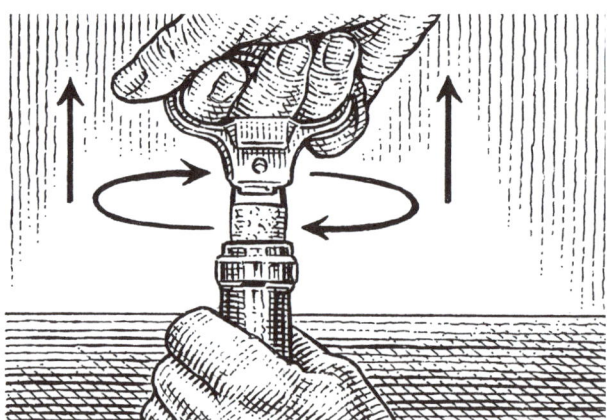

3: FEDERZUNGEN- STATT T-KORKENZIEHER

Mit einem solchen Modell entfernt man brüchige Korken am saubersten und sichersten. Es ist günstig und überall erhältlich, doch man muss auch damit umgehen können. Schieben Sie die längere Zunge an der Ihnen entgegengesetzten Seite zwischen Korken und Glas, die kürzere an der Ihnen zugewandten. Bewegen Sie den Griff unter leichtem Druck hin und her, sodass die beiden Zungen tiefer in den Hals dringen. „Der Korken ist dann sehr fest zwischen ihnen eingeklemmt." Drehen und ziehen Sie gleichzeitig, um ihn zu entfernen. *Voilà.*

4: KEIN KORKENZIEHER ZUR HAND? EINFACH EINDRÜCKEN UND EINSCHENKEN

Ohne Federzungen-Korkenzieher drücken Sie den Korken am besten mit einem Finger oder Holzlöffelstiel in die Flasche. „Er darf nicht zu lange darin schwimmen, denn die Bruchstücke sind relativ frisch. Sie müssen den Wein abgießen." Nehmen Sie dazu einen Trichter mit Kaffeefilter oder ein sauberes, geruchloses Stück feinen Stoff und stecken Sie etwas Dünnes, Langes in den Flaschenhals, damit der Korken ihn nicht verstopft.

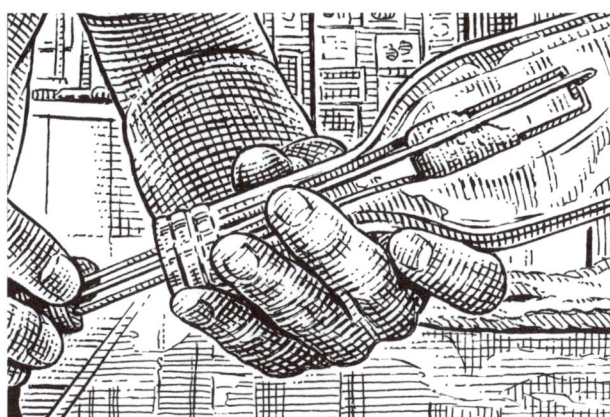

5: WIR STELLEN VOR: DEN KORKENRETTER

Sie haben den Korken eingedrückt und den Wein abgegossen, möchten ihn aber in der Originalflasche zeigen? Dann brauchen Sie den Korkenretter. Sie stecken ihn in die Flasche und schütteln, bis der Korken zwischen den Drähten liegt. Schieben Sie den Ring an den Drähten hoch, um den Korken einzuklemmen. Das klappt womöglich nicht sofort. „Drehen und ziehen Sie fest, um den Korken zu entfernen, spülen Sie die Flasche aus und lassen Sie sie trocknen, bevor Sie sie durch einen Filter füllen. Jetzt können Sie Ihren 1995er Pétrus so servieren, wie es seiner würdig ist.

EINHÄNDIG EIER AUF-SCHLAGEN

>> Ihre Angebetete zum Abendessen bei Ihnen zu Hause einzuladen, ist eine große Sache. Sie müssen nicht nur ausgezeichnetes Essen servieren, sondern dabei auch – machen wir uns nichts vor – einen stilvollen Eindruck hinterlassen. Welcher kulinarische Kniff ist besonders beeindruckend? Mit Abstand das einhändige Aufschlagen eines Eis. Und es gibt eine Methode, um das zu üben und zu erlernen. So funktioniert sie ...

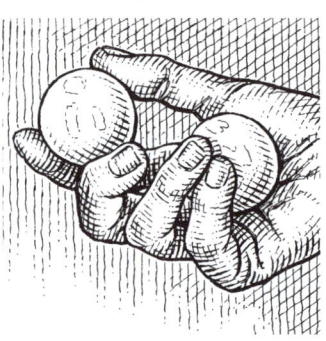

1: BALLSPIELCHEN
Üben Sie mit zwei Tischtennisbällen wie abgebildet.

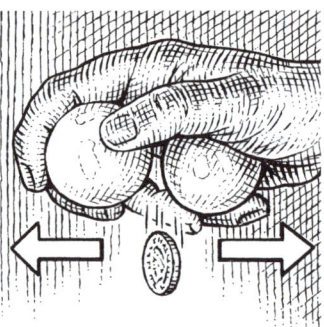

2: SIE HABEN ES IN DER HAND
Klemmen Sie eine Münze zwischen die Bälle. Üben Sie das Halten und Loslassen.

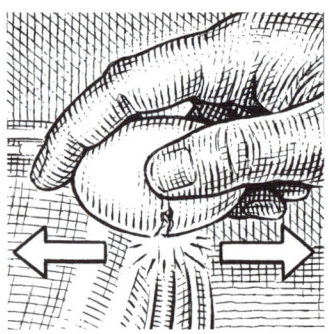

3: ANSCHLAGEN UND ÖFFNEN
Nehmen Sie ein Ei, schlagen Sie es auf und öffnen Sie es mit der gezeigten Bewegung.

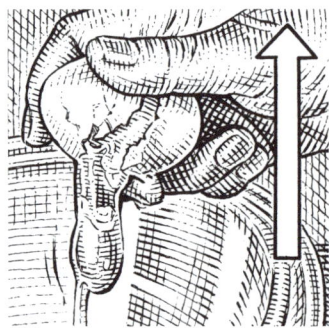

4: MIT EINEM RUCK
Wenn der Dotter hinausfließt, heben Sie die Hand ruckartig hoch, damit es schneller geht.

MARTINI MIXEN WIE DIE BESTEN BARKEEPER DER WELT

» In Ernest Hemingways *In einem andern Land* (1929) sagt die Hauptfigur nach mehreren Martinis: „Ich habe noch nie etwas so Frisches und Klares getrunken. Ich fühle mich zivilisiert." Genau das ist die erwünschte Wirkung, und umso bedauernswerter, dass eine der am weitesten verbreiteten Varianten, der „Dirty Martini" mit Olivenlake, oft widerlich schmeckt. Schuld daran ist derjenige, der ihn zubereitet hat.

Ein Mann, der weiß, wie das richtig geht, ist Erik Lorincz, der die American Bar im *Savoy Hotel* in London betreibt. Sie wurde im Rahmen der World's 50 Best Bar Awards 2017 zur weltbesten Bar gekürt, doch Lorincz hat auch die Barkeeper ausgebildet, die James Bond seinen Dirty Martini in *Spectre* (2015) serviert haben. Nun zeigt er, wie man diesen Cocktail mixt …

1: VERMEIDEN SIE DEN ENTSCHEIDENDEN FEHLER

Ob ein Dirty Martini gelungen oder ungenießbar ist, hängt davon ab, woher der Mixer die Olivenlake nimmt. „Die meisten Barkeeper benutzen den Sud von Oliven aus dem Glas", behauptet Lorincz. Das geht überhaupt nicht. Geben Sie stattdessen vier grüne Oliven in einen Cocktail-Shaker mit integriertem Sieb. Lorincz schwört auf die sizilianische Olivensorte Nocellara del Belice. „Die sind nicht zu salzig, haben einen angenehm leichten Geschmack wie Gemüse und eine gute Konsistenz." Zerdrücken Sie sie mit einer Lochkelle, um ihren Geschmack zu extrahieren.

2: DAS EIS BRECHEN

Halten Sie einen Block aus klarem Eis auf einem Schneidbrett fest (erfahrene Barkeeper tun das mit bloßen Händen) und brechen Sie Würfel mit einem Messer heraus. Füllen Sie den Shaker zu zwei Dritteln damit. Klares Eis hat „keine Blasen", erläutert Lorincz. „Es verwässert den Alkohol nicht so schnell." Man kann es online kaufen oder eine Kühlbox mit Wasser füllen und mit offenem Deckel vier Tage in eine Gefriertruhe stellen. Sobald es ein wenig angetaut ist, kippen Sie den Block heraus.

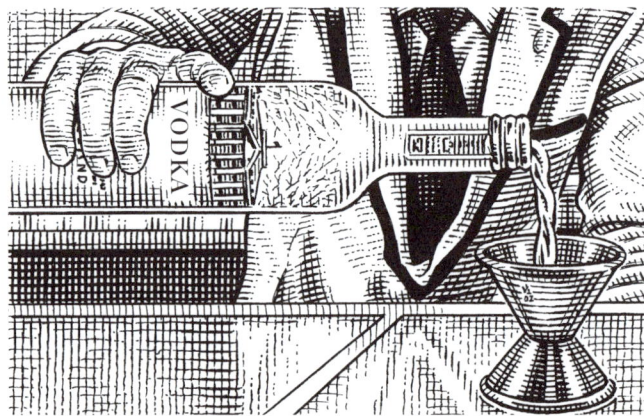

3: WICHTIGE ZUTATEN

Gießen Sie 60 ml Wodka und 15 ml trockenen Wermut (halten Sie sich auch bei größeren Mengen an das Verhältnis 4:1), über das Eis. Lorincz nimmt Belvedere Wodka und Wermut von Cocchi, weist aber darauf hin, dass „aufgrund der Oliven ein Teil des Geschmacks der Spirituosen in einem Dirty Martini verloren geht".

4: GESCHÜTTELT, NICHT GERÜHRT

Halten Sie den Shaker horizontal in Ihrer rechten Hand, sodass der Verschluss auf Sie zeigt. Nehmen Sie die linke zur Hilfe, indem Sie deren Daumen auf den Deckel legen. Schütteln Sie währenddessen kräftig in horizontaler Richtung zwischen Brust- und Kopfhöhe. Horchen Sie auf das Eis. „Je länger Sie schütteln, desto weicher wird es, so ähnlich wie zerbröselnder Sandstein." Wenn es dementsprechend raschelt – normalerweise nach etwa 15 Sekunden –, genügt das.

5: ABSEIHEN

Den Inhalt in ein gekühltes 190-ml-Martiniglas zu gießen geht schneller, wenn Sie den Shaker gut schütteln. Falls Sie keine Olivenstückchen in Ihrem Drink möchten, benutzen Sie ein Sieb. Zum Schluss noch verzieren. „Normalerweise geben wir dazu nur eine Olive ins Glas." Nun dürfen Sie sich „zivilisiert" wie Hemingway fühlen.

2:

GESELL-SCHAFT & LIEBE

Zwischenmenschliche Beziehungen sind nicht wie Schach, sondern unberechenbar. Instinkte und Emotionen prägen sie in einem unsichtbaren Kräftespiel, doch man kann die eigene Interaktionsfähigkeit verbessern, indem man sich auf die beeinflussbaren Faktoren konzentriert. In diesem Kapitel werden sie beleuchtet. Es handelt sich um Strategien, die Sie sofort anwenden können, um Lügner zu entlarven, erfolgreich zu flirten oder sich in einer Diskussion durchzusetzen. Wo Regeln existieren, lohnt es sich, sie zu kennen. Falls Sie sich je schwergetan haben, ein feierliches Abendessen auszurichten oder Blumen zu kaufen, hat das nun ein Ende ...

DIAMANTEN KAUFEN WIE EIN JUWELIER

>> Sie wollen sich also verloben? Glückwunsch! Seien Sie aber auf der Hut, denn auf dem Edelsteinmarkt wimmelt es von Geldschneidern, Halbwahrheiten und Handelsmythen. Da wäre etwa die „Regel", zwei Monatsgehälter für einen Verlobungsring seien ein Muss. Diese clevere Marketingidee dachte sich der Branchenriese De Beers in den 1980er-Jahren aus. Heute erkennen immer mehr Kunden, dass man einfach so viel ausgeben sollte, wie man sich leisten kann, doch keine Frage: Sie möchten sicher das Beste für Ihr Geld. Machen Sie vor allem einen Bogen um bekannte Marken – Sie sparen vermutlich eine Menge, wenn Sie sich zum Beschaffen der Steine und Fertigen des Rings an einen unabhängigen Juwelier wenden. Und beherzigen Sie diesen Rat von Jessica Elliott, einer der Schmuckexpertinnen des Auktionshauses Christie …

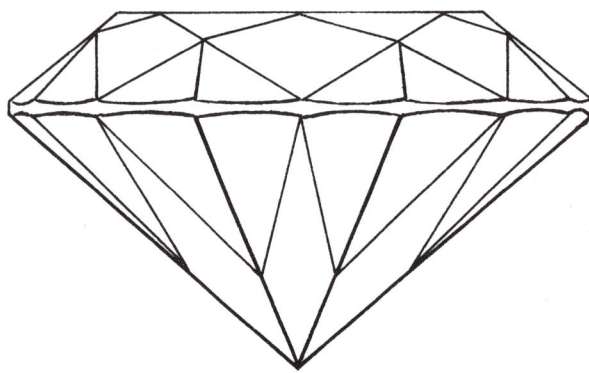

1: AUF DEN SCHLIFF KOMMT ES AN

Zuerst müssen Sie sich für den richtigen Schliff entscheiden, denn „der beeinflusst den Glanz". Nicht umsonst ist der „moderne Brillant-Vollschliff" besonders gefragt. „Er wurde in den 1920er-Jahren standardisiert", erklärt Elliott. „Von oben einfallendes Licht trifft durch alle Facetten genau ins Auge."

Die Qualität des Schliffs (sofern er den idealen Proportionen entspricht) bestimmt den Glanz eines Steins. Kaufen Sie nichts, was Edelsteinkunde-Institute wie das amerikanische GIA mit einem schlechteren Prädikat als „gut" zertifiziert haben (*siehe* 4).

2: WAS BEDEUTET KARAT?

„Karat" ist die Maßeinheit für die Masse eines Edelsteins. Daneben bestimmen Gewichtsgrenzen den Preis. „Wenn Sie 2 Karat möchten, sparen Sie mit 1,99 eine ganze Menge", offenbart Elliott. Sollte die Höhe der Karatzahl andererseits eine Presti-ge frage sein, lohnt sich der Kauf eines schweren Steins. Falls er nämlich beschädigt wird (ja, das kann passieren) und nachgeschliffen werden muss, ist ein Gewichts- und somit auch Wertverlust unwahrscheinlich.

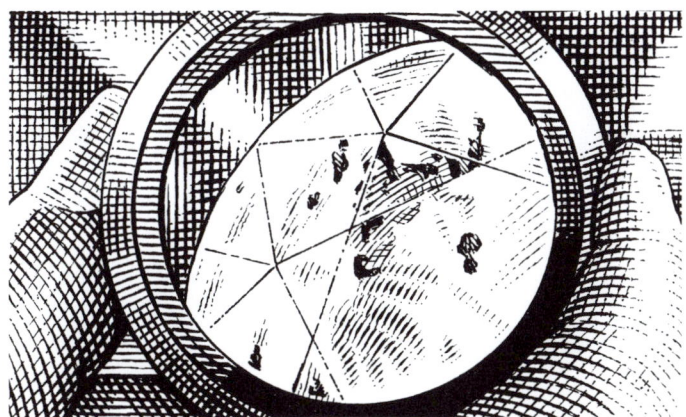

3: DIE WAHRHEIT ÜBER FARBE UND REINHEIT

Die Farbe wird alphabetisch zwischen Z (gelb) und D (farblos) angegeben, der Reinheitsgrad auf einer Skala bis 13 mit den kryptischen Kategorien I3 (engl. „included" für Einschlüsse, also Makel) bis IF („internally flawless", lupenrein). Nach oben wird's immer teurer, doch mit bloßem Auge gesehen ist alles über Farbgrad H so hübsch wie D, und die meisten Steine über VS2 („very slightl inclusions") wirken rein. Mitunter tut es sogar ein niedrigerer Grad „je nachdem, wo sich ein Einschluss befindet", sagt Elliott. „An Ecken kann man sie durch die Einfassung des Rings verbergen."

4: NUR MIT ZERTIFIKAT

Lassen Sie sich die Angaben des Verkäufers zu einem teuren Stein unbedingt durch ein Zertifikat belegen. „GIA-Zertifikate sind das Nonplusultra." Da sich eine Zertifizierung auf den Preis niederschlägt, können Sie bei einem kleineren Diamanten eventuell darauf verzichten, nicht aber im Hochqualitätssegment. Eine auf zwei Kommastellen genaue Gewichtsangabe beweist, dass das Zertifikat zu Ihrem Stück gehört. Prüfen Sie das Gewicht sicherheitshalber nach.

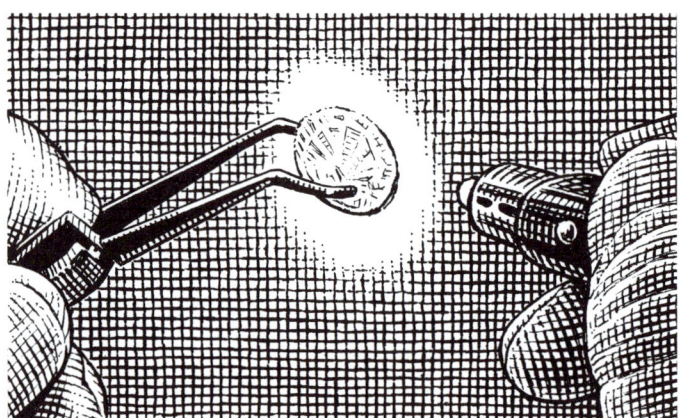

5: EINE BEMERKUNG ZUR FLUORESZENZ

Fluoreszenz verringert den Wert. Steine mit Farbgrad D bis G und Fluoreszenz „mittel" bis „sehr stark" (GIA-Bezeichnung) können bei Tageslicht milchig erscheinen. Elliott betont aber, Fluoreszenz sei bei niedrigeren Farbgraden eventuell sogar von Vorteil. „Gelbliche Steine, die sanft blau leuchten, sehen besser aus." Tipp: Erkundigen Sie sich nach der Fluoreszenz, zeigen Sie Sachkenntnis und schrecken den Anbieter davor ab, zu viel zu verlangen. Auch Fragen nach verschiedenen Einschlussarten, „Fachausdrücke wie ,Kristall', ,Feder' oder ,Pinpoint'", treiben ihm solche Flausen aus.

TANZEN, ABER NICHT WIE DER EIGENE VATER

» Ein Sprichwort lautet, Tanzen sei Träumen mit den Füßen. Für Menschen ohne Rhythmusgefühl ist es ein Albtraum im Wachzustand. Zum Glück brauchen Sie nicht viel zu lernen, um dabei eine ansehnliche Figur abzugeben. „Bei Gesellschaftstänzen gilt: weniger ist mehr", weiß Hip-Hop-Spezialist John Graham, der mit Stars wie Beyoncé, Rihanna oder Justin Bieber gearbeitet hat und nun in den Londoner Pineapple Dance Studios unterrichtet. Selbstvertrauen ist ihm zufolge der Schlüssel, also nicht die Arme steif ausgestreckt am Körper halten – das wirkt nervös und behindert natürliche Bewegungsabläufe. Sich nicht verrückt machen, sie einfach locker hängen lassen, in Bewegung halten und gelegentlich im Takt schnippen. Und die Füße? Graham zeigt 5 kinderleichte Schritte für den nächsten Ausflug auf die Tanzfläche ...

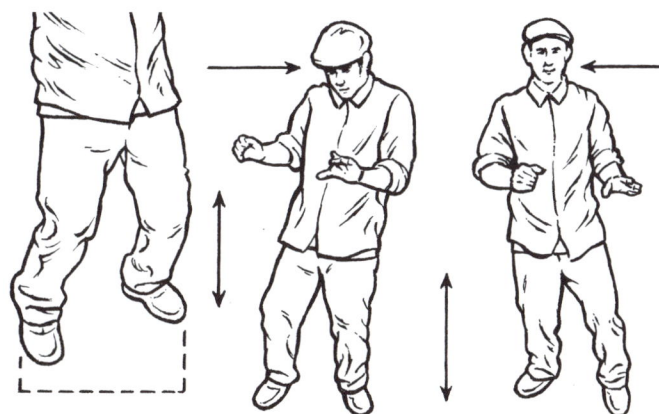

1: DER BOUNCE

Stellen Sie sich leicht breitbeinig auf und entspannen Sie Ihre Knie. Wippen Sie sanft im Rhythmus der Musik auf und ab. Klappt's? Gehen Sie mit dem Oberkörper mit, indem Sie sich abwechselnd zu jedem Beat vor und zurück lehnen. Wiederholen Sie dies jeweils mit einer Neigung nach links oder rechts und fahren Sie so fort wie in einer Dauerschleife. „Dieser Schritt findet sich in den meisten Street-Dance-Stilen", bemerkt Graham, „aber in der Regel bringt man ihn mit Hip-Hop in Verbindung."

2: DER TWO-STEP

Rutschen Sie beim ersten Beat mit dem linken Fuß seitwärts, ziehen Sie den rechten auf den zweiten nach und wiederholen Sie das Ganze einfach zur anderen Seite hin. So weit die vereinfachte Form dieses Schritts, doch um den Groove zu betonen, können Sie zu jedem Beat bouncen und sich beim Rutschen in die entgegengesetzte Richtung lehnen. Stellen Sie sich vor, Sie würden sich durch Wasser bewegen. „Ein Feeling wie in Zeitlupe beim Schwimmen durch den Widerstand, nicht abgehackt."

3: DER ROCKSTEADY

Hier kommt es aufs Becken an: Strecken Sie es zweimal nach rechts, dann zweimal nach links. Sobald Sie sich daran gewöhnt haben, fügen Sie jeweils beim zweiten Mal einen Dip hinzu. Das bedeutet, die Knie zu beugen sowie den Hintern zurück zu strecken, während das Becken zur Seite zeigt, und sich aufzurichten, wenn man wieder die Ausgangshaltung einnimmt. Wiederholen Sie dies wechselseitig. Abgerundet wird dieser Standard-Disco-Move, indem man den Oberkörper mit nach links zeigendem Becken nach rechts dreht und umgekehrt.

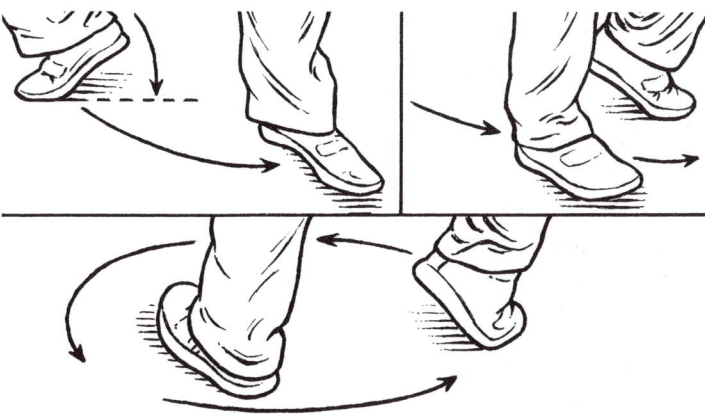

4: GLIDING

Stellen Sie sich auf den rechten Fußballen und die linke Ferse. Verlagern Sie nun das Gewicht auf die rechte Ferse, während Sie mit dem anderen Fuß nach links rutschen. Treten Sie mit dessen Ballen auf und ziehen Sie den rechten Fuß auf der Ferse am linken vorüber; vollziehen Sie dabei eine halbe Körperdrehung und heben Sie den rechten Fuß auf dem Ballen an. Setzen Sie gleichzeitig die linke Ferse auf und wiederholen das Ganze. „Das geht im Kreis auf einer Stelle", sagt Graham.

5: EINE EINMALIGE VERZIERUNG

Lockern Sie die Knie und treten Sie mit links aus, danach mit rechts, ohne sich von der Stelle zu bewegen. Als Nächstes springen Sie, machen in der Luft eine Vierteldrehung gegen den Uhrzeigersinn und setzen den linken Fuß beim Landen hinter den rechten. Drehen Sie sich gleichzeitig auf dem linken Fußballen und der rechten Ferse gegen den Uhrzeigersinn, um beide Füße nebeneinander zu platzieren. Jetzt schauen Sie wieder nach vorn und tanzen weiter. Ach, da ist noch ein sechster Punkt, den wir vergessen haben: Lächeln Sie!

EINE DENK-WÜRDIGE FUSS-MASSAGE

>> Wenn Musikstars eine Massage brauchen, rufen sie Dot Stein. Sie begann als Teenager, Def Leppard die Rücken zu kraulen, um freien Eintritt zu ihren Konzerten zu erhalten, woraufhin sich ihr Talent langsam in der Branche herumsprach. Schließlich bestand Rolling-Stones-Schlagzeuger Charlie Watts darauf, sie für eine Massagesitzung zu bezahlen, und sie beschloss, die Sache professionell aufzuziehen. Heute zählt Dr. Dot (den Spitznamen verlieh ihr Frank Zappa) sowohl Kanye West als auch Sting und Gwen Stefani zu ihrer zufriedenen Kundschaft. Fußmassage gehört zu ihren Spezialitäten, also stellen wir ihr die große Frage: Wie geht man sie an, ohne zu kitzeln? „Man muss von Anfang an fest zupacken", antwortet sie. Hier nun Dr. Dots Methode – Ihrer Partnerin zuliebe. Jeden Schritt mindestens dreimal wiederholen ...

1: VORBEREITUNGEN

Die Betreffende soll sich hinlegen und die Füße über die Bettkante strecken. „Viele können sich nicht entspannen, weil sie Bedenken wegen Fußgeruch haben", so Stein. „Putzen Sie die Füße der Person deshalb mit einem angenehm warmen, feuchten Handtuch ab." Setzen Sie sich abgewandt zwischen die Beine der Liegenden und stellen Sie Ihre Füße auf den Boden. Massieren Sie zuerst den linken Fuß, legen Sie ihn auf Ihren linken Oberschenkel. Verwenden Sie Massageöl, „notgedrungen tut es auch Oliven-, Walnuss- oder Rapsöl".

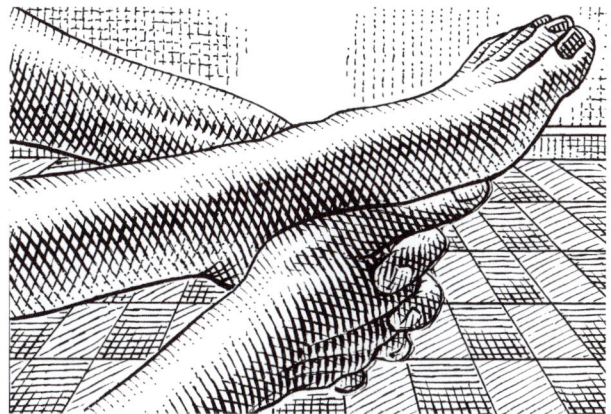

2: VON DER FERSE BIS ZUR SPITZE

Verschränken Sie die Finger beider Hände. Drücken Sie die Ferse zwischen den Händen („Allein schon das glitschige Gefühl tut so richtig gut.") und verfahren Sie genauso mit den Zehen. Als Nächstes nehmen Sie die Finger auseinander und drücken eine Handinnenfläche gegen die Fußsole, als würden Sie mit den Zehen „Händchen halten". Fahren Sie mit den Fingern daran hoch und runter, um alle gleichzeitig zu massieren.

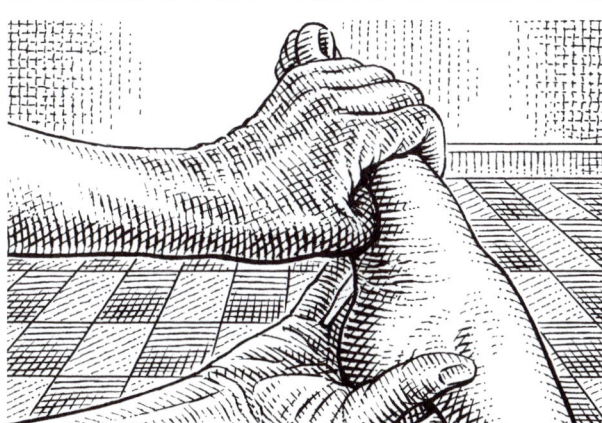

3: DER HUMMERGRIFF

Winkeln Sie den Daumen an wie eine Hummerschere. Legen Sie alle vier Finger auf den Fuß und drücken Sie das untere, dickere Daumengelenk in die Wölbung, während Sie die Ferse mit der anderen Hand stützen. „Tun Sie so, als würden Sie den Fuß kräftig mit einem Holzwerkzeug bearbeiten." Stemmen Sie die vier Finger nun gegen die Außenseite des Fußes und fahren Sie mit dem Daumengelenk vom Gewölbe nach außen zu den Fingern. Zur Abwechslung wieder „Händchen halten" mit den Zehen und mit dem oberen Daumengelenk die Fußknochen massieren.

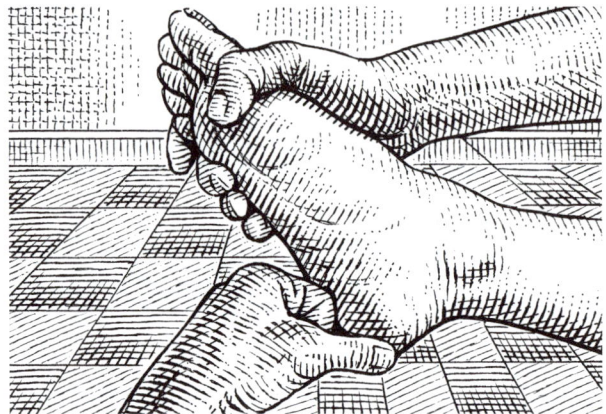

4: NICHT ZIMPERLICH SEIN

Legen Sie alle vier Finger außen an die Ferse und reiben Sie fest mit dem zweiten Daumengelenk am Fersenabsatz entlang. Indem Sie dann den Daumen an die Fußseite halten, bohren Sie das mittlere Gelenk des Zeigefingers mittig in den Fersenballen – dieser Druck auf das Gewebe der sogenannten Plantarfaszie geht mit einem wohligen Schmerz einher.

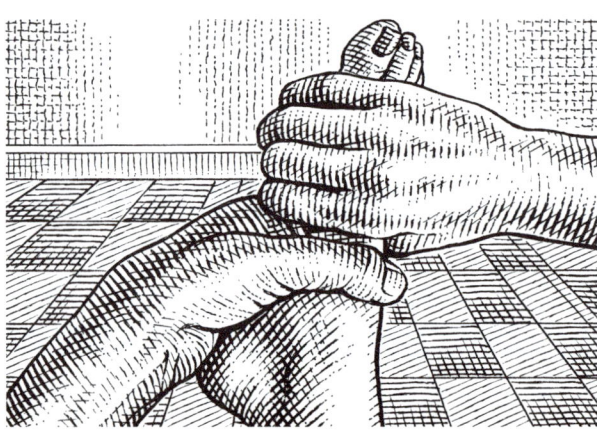

5: DER BESONDERE DREH ZUM SCHLUSS

Nehmen Sie noch etwas Öl und packen Sie den Fuß beidhändig, als ob Sie ein Tuch auswringen würden, also, indem Sie je eine Hand im und gegen den Uhrzeigersinn bewegen. Während Sie sich vom Fußknöchel zu den Zehen hocharbeiten, massieren Sie die Sohle mit dem Daumen. „Das fühlt sich unvergleichlich an." Zum Abschluss benutzen Sie ein weiches Tuch und ziehen damit einzeln an jedem Zeh. „Nicht schnell und grob, sondern langsam, aber kräftig – im Allgemeinen knacken die Zehen dabei, und das ist sehr erleichternd."

WERDEN SIE ZU EINEM LÜGEN-DETEKTOR

» Lügen gehören zum Leben. Laut Pamela Meyer, der Autorin von *Wie man jede Lüge erkennt* (2010), wird man täglich zwischen 10- und 200-mal belogen, wobei das Spektrum von Notlügen bis zu schwerem Betrug reicht. Die weitverbreitete Annahme, die Unwahrheit zu durchschauen sei eine Frage der Intuition, widerlegt Meyer als erfahrene Wissenschaftlerin auf diesem Feld. Ihre Entlarvungstechniken sind so wirksam, dass ihr Unternehmen Calibrate auf breiter Ebene Regierungsbehörden und Privatgewerbe vom Hedgefonds-Investor bis zur Anwaltskanzlei berät. Sie hat eine funktionierende Unterhaltungsstrategie zum Erfahren der Wahrheit entwickelt, die sich auf die Abkürzung B.A.S.I.C. herunterbrechen lässt. Falls Sie eine Bekanntschaft einer ernsten Lüge verdächtigen und Sie auflaufen lassen wollen, gelingt das folgendermaßen ...

1: B(ASIS- ODER AUSGANGSVERHALTEN BESTIMMEN)

Achten Sie genau auf das Basisverhalten der verdächtigen Person, um Normabweichungen zu bestimmen. „Wippt jemand mit einem Fuß, wenn Sie ihn etwas fragen, bedeutet das nichts, außer er ist ansonsten ein gelassener Mensch", sagt Meyer. Beobachten Sie das Lachen der Person, ihre Gestik und Mimik – am wichtigsten ist aber die Bewertung der Sprachmelodie, Tonhöhe und Sprechgeschwindigkeit, nicht zu vergessen, die Körperhaltung. All dies ändert sich vor allem beim Lügen. Interpretieren Sie gewisse Marotten nicht irrtümlich als verräterische Zeichen.

2: A(USKUNFT UND ERGEBNISOFFENE FRAGEN)

Zeit zum Verhören. Wählen Sie dazu ein ruhiges, entspanntes Ambiente mit sichtbarem Ausgang. Wenn Sie ins Gespräch gekommen sind, stellen Sie ergebnisoffene Fragen, um nicht vorwurfsvoll zu klingen, während Sie langsam eingrenzen, um die Informationen zu erhalten, die Sie suchen. Nie „Warum?" fragen, besser „Was hat dich dazu bewegt?" Das suggeriert einen berechtigten Grund. Spekulieren Sie über mögliche Gründe für das Verhalten der Person – dann gesteht sie es eher ein.

3: S(UCHE NACH AUFFÄLLIGEN VERHALTENSMUSTERN)

Achten Sie darauf, ob die Person ihrem Ausgangsverhalten auf immer konkretere Fragen hin häufig widerspricht, sei es verbal oder nonverbal. Das zeigt sich einerseits in abweisenden Worten oder ständigen Gegenfragen, um Zeit zu schinden, andererseits an steifer Oberkörperhaltung, geschürzten Lippen, aufgesetztem Lächeln und Erleichterung am Ende der Fragen. „Kognitiver Druck" bringt diese Zeichen hervor, etwa wenn Ihr Gegenüber seine Geschichte rückwärts aufrollen soll oder erfährt, dass Sie Zeugen haben. Entscheiden Sie dann: Weicht das Gegenüber aus oder nicht?

4: I(NTUITIV WIDERSPRÜCHLICHKEITEN AUFDECKEN)

Unvereinbarkeit ist ein weiterer Faktor, z. B. in emotionaler Hinsicht (Ihr Gegenüber behauptet, besorgt zu sein, doch sein Gesichtsausdruck wirkt gleichgültig) oder auf die Faktenlage bezogen (Aussage kontra Indizien), verhaltensmäßig (man behauptet, entgegen seinen Gewohnheiten gehandelt zu haben) oder in Form von Logiklöchern in einer Ausrede. Ihr Bauchgefühl hilft, aber am besten bewerten Sie einfach, wie die verdächtige Person Ereignisse im Vergleich zu deren logischer Abfolge schildert.

5: C(OURAGIERT NACHHAKEN, GEWISSHEIT ERLANGEN)

Wenn Sie glauben, jemand lügt, überprüfen Sie Ihre Ahnung mit Bestätigungsfragen. „Wir fangen oft an mit: ‚Was denkst du über diese Anschuldigung?‘ Ein Lügner wird sich beim Antworten heillos verstricken und unterschiedliche Gefühle zeigen." Ein Unschuldiger hingegen empört sich meistens darüber, irrtümlich verdächtigt zu werden. Ein anderer Ansatz wäre die Frage, welche Konsequenzen die Person für ihr mutmaßliches Fehlverhalten erwarten würde. „Schuldige bitten dann fast immer um Milde."

VERFEINERN SIE IHRE FLIRT-KÜNSTE

Tiere haben es leicht. Wenn sie sich paaren möchten, stoßen sie Laute aus, die keinen Zweifel an ihrer Absicht zulassen. Unter Menschen ist die Sprache der Anziehung hingegen weniger eindeutig. Während manche ihre Zeichen und Codes von Natur aus entschlüsseln können, sind sie für andere so unverständlich wie Altgriechisch. Wie sendet man also das richtige Signal aus? Und wie vermeidet man, unbeholfen oder schlimmer noch – nicht geheuer zu wirken? Solche Fragen beschäftigen Jean Smith. Die Sozial- und Kulturanthropologin befragte 250 Personen in London, Paris, New York und Stockholm zu deren Flirtverhalten; ihre Erkenntnisse wurden in Büchern wie *The Flirt Interpreter* (2012) und *Flirtology* (2018) veröffentlicht. Da sie auch Flirtunterricht über TEDx und ihr eigenes Unternehmen Flirtology erteilt, haben wir sie um eine Anleitung gebeten ...

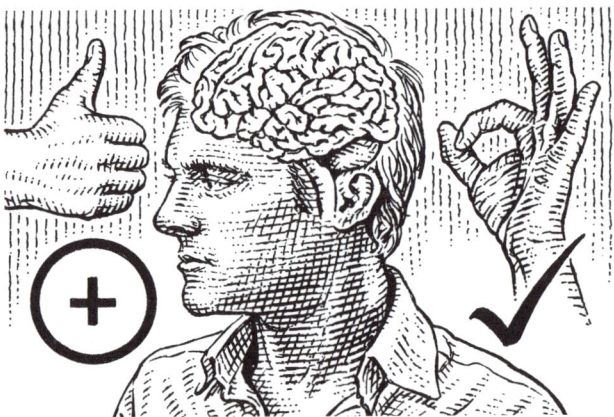

1: ALLES EINSTELLUNGSSACHE

Das größte Hindernis, wenn Sie Erfolg beim Flirten haben wollen, ist eine zu große Furcht davor, es überhaupt zu versuchen. Man braucht unbedingt „mentale Modelle", wie Smith es nennt, um Ängste zu überwinden. Falls Sie sich also vor einer Abfuhr fürchten, begreifen Sie Flirten nicht als Persönlichkeitstest („Das würde *garantiert* solche Bedenken hervorrufen."). „Schlicht Spaß haben" – diese Einstellung setzt Sie nicht unter Druck. Ein anderes nützliches Mentalmodell bieten die Worte „Nicht zögern, tu's einfach", wenn Sie ungern Fremde ansprechen.

2: DER SPRUNG INS KALTE WASSER

Sie sind auf jemanden aufmerksam geworden. Sollen Sie sich nähern? Um dies herauszufinden, ist Blickkontakt am wichtigsten. Ergibt er sich mehrmals, dauert er länger und geht mit einer kleinen Geste einher (die Dame zupft an ihrer Kleidung), sind das gute Zeichen. Lächeln Sie, treten Sie näher. Überlegen Sie nicht, was Sie sagen sollen. Laut Smith genügt „Was halten Sie von X?", wobei X etwas ist, das sie beide wahrnehmen, z. B. Musik. „So entsteht ein Wir-Gefühl, und alles Weitere wird sich finden."

3: ANBANDELN

Sie wurden nicht abgewiesen, also bauen Sie nun ein Verhältnis auf. Dazu gehört Smith zufolge, dass Sie sich öffnen und Gemeinsamkeiten finden. Wählen Sie unbeschwerte Gesprächsthemen, während Sie abwechselnd Fragen stellen und beantworten. Geschieht das eine oder andere mehr als dreimal, wird es einseitig. Vergessen Sie aber eines nicht: Das ist noch nicht der richtige Flirt. Falls Sie in dieser Phase halbherzige Reaktionen erhalten – der Funke springt nicht über –, ziehen Sie sich zurück, sonst wirken Sie unheimlich.

4: FLIRTEN SIE LOS

Smith unterscheidet 6 Aspekte des Flirtens: Humor, eine offene Körpersprache, Berührungen, Aufmerksamkeit, Nähe und der Blickkontakt. Berührung ist der heikelste Punkt. „Eigentlich wunderbar, doch vergewissern Sie sich, dass die Person darauf anspricht. Nicht anfassen, um Zuneigung zu erzwingen." Falls nichts dagegen spricht, können Sie ihre Hand kurz antippen, wenn Sie eine Bemerkung machen. Gut läuft es, wenn Ihnen die Füße und Schultern des Gegenübers zugewandt sind.

5: ABSCHIED – NICHT FÜR IMMER

Wenn sich die Begegnung dem Ende zuneigt, dürfen Sie keinen Hehl daraus machen, dass Sie sich wieder treffen wollen. Seien Sie am besten möglichst direkt – diese Strategie allein macht Sie bereits attraktiver. Was genau sollten Sie aber sagen? „Beziehen Sie sich dabei schlicht darauf, worüber Sie sich unterhalten haben. Ging es um Essen, beispielsweise italienisches, fragen Sie etwa: ‚Gehen wir mal zusammen in meine Lieblingspizzeria?' Und selbst das ist möglich: ‚Lange kein so interessantes Gespräch geführt. Sollen wir das bald bei einem Glas Wein fortführen?'"

EIN FÖRMLICHES ABEND-ESSEN AUSRICHTEN

» Die 1980er- und 90er-Jahre waren die Blütezeit von Dinnerpartys: ausladend, piekfein, mit vier Gängen bis tief in die Nacht. Nach der Jahrtausendwende gerieten sie kurzerhand außer Mode. Restaurants verstanden sich nun im Sinne einer Jugendkultur als so etwas wie eine neue Art von Indie Rock und verfolgten mit Verköstigungsräumen, neuartigen Burgern oder alkoholfreien Designer-Cocktails den jeweils nächsten Trend. Gäste zu Hause bewirtete man in der Regel beim Dinner in vorgeblich ungezwungener Atmosphäre – obwohl man in Wirklichkeit für seine Kochkünste und natürlich die Küche bewundert werden wollte. Jeder Strömung folgt bekanntlich eine Gegenbewegung. Dinnerpartys feiern seit einiger Zeit ein Comeback in ihrer ganzen (förmlichen) Pracht. Lesen Sie, wie *GQ*-Herausgeber Dylan Jones zu Tisch bittet …

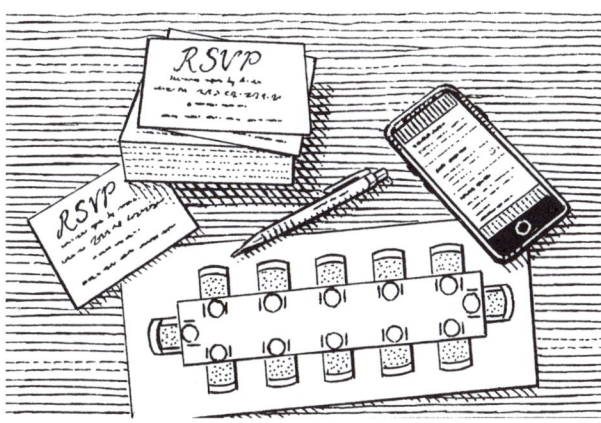

1: FRÜH VORBEREITEN

Laden Sie mindestens drei Wochen vorher telefonisch oder mit gedruckten Karten ein. Bei einer Absage kann man kurzfristig jemand anderen hinzuziehen, aber lassen Sie nicht regelmäßig denselben Freund einspringen. Denken Sie stets ans *Placement*: Traditionell sitzt je ein Mann neben einer Frau, aber Sie können Paare oder enge Freunde mit anderen zusammenwürfeln. Wählen Sie Ihren eigenen Platz so, dass Sie ungehindert in die Küche gelangen. Behalten Sie die Tischordnung für alle Gänge bei – die Leute sollen ihre Plätze erst nach dem Essen wechseln dürfen.

»

2: TRADITIONELL EINDECKEN

Das Besteck für die Vorspeise sollte immer außen liegen, damit die Gäste bei jedem Gang dorthin greifen; Gabel und Löffel für den Nachtisch liegen wie abgebildet über dem Geschirr. Stoffservietten sind vorzuziehen, aber Einweg geht bei angemessener Qualität auch in Ordnung. Stellen Sie Gläser für Wasser, Rot-, Weiß- und Dessertwein über den Messern bereit. Übrigens schickt es sich, die Serviette auf den Stuhl statt auf den Tisch zu legen, wenn man zwischendurch aufstehen muss.

3: PRAKTISCH, NICHT PROTZIG

Sie sollten unbedingt Horsd'œuvres servieren, und sei es nur, damit die Gäste nicht zu schnell betrunken werden. Für 12 Personen genügen ungefähr 80 Häppchen. Was die eigentliche Mahlzeit betrifft, lassen Sie sich von Kochbüchern anregen, übernehmen Sie sich aber nicht mit extravaganten Rezepten. Vier Gänge – Salat oder eine andere Vorspeise, Hauptgericht, Käse und Dessert – sind unabdingbar. Falls Sie das Essen liefern lassen, bitten Sie den Cateringservice um ein Menü, das Sie selbst zubereiten könnten, sonst kommt es den Gästen ... na ja – merkwürdig vor.

4: GETRÄNKE SIND KEINE NEBENSACHE

Wenn die Gäste eintreffen, bieten Sie Ihnen entweder ein einheitliches Getränk (etwa Champagner oder Wodka Tonic) oder eine kleine Auswahl an. Nicht zu schnell nachschenken: Die Leute sollen locker werden, aber noch mit Genuss essen können.

Mengenmäßig rechnen Sie mit je einer Flasche Rot- und Weißwein pro Kopf. So sind Sie auf der sicheren Seite, obwohl bestimmt nicht alles getrunken wird. Wasser gehört in Flaschen (Markensorten) oder Glaskannen (Leitungswasser) auf den Tisch.

5: DIE PASSENDE MUSIK

Fällt die Musikwahl schwer, stellen Sie sich vor, Sie würden ein Restaurant besuchen. Gut möglich, dass Sie dann gar nichts auflegen. Ist je ein Abend, an dem Sie auswärts gegessen haben, durch Musik schöner geworden? Soll es dennoch welche sein, dann ohne Gesang – Filmsoundtracks aus den 1960er-Jahren, Alternative-Country aus den 80ern oder japanische Lounge-Klänge aus den 90ern. Erstellen Sie die Playlist vorab. Sie sollte elegant zwischen den Genres überleiten und lang genug sein, damit sich nichts wiederholt. Andernfalls könnten die Gäste meinen, Sie wollten sie loswerden.

SAG'S MIT BLUMEN

» Als rechte Hand von Tom Ford erfuhr Whitney Bromberg Hawkings, wie die Stil-Elite der Welt Blumen verschickt. Diese Kenntnis lässt sie seither bei FlowerBx einfließen, dem angesagtesten Blumenlieferdienst in der Modebranche. Auf ihrer Kundenliste stehen Namen wie Dior oder De Beers zwischen zahllosen Prominenten. Wenn sie eines gelernt hat, dann, dass eine so kleine Geste wie Blumen Riesenfreude bereitet. Anders gesagt: Schicken Sie Ihrer Partnerin welche (idealerweise zur Arbeit – das begeistert jeden), zahlt sich das mit Zinsen aus.

1: KEINEN GEMISCHTEN STRAUSS KAUFEN

„Wenn Karl [Lagerfeld], Calvin [Klein] oder jemand anderes Tom [Ford] Blumen schenkte, dann gewaltige Sträuße einer Sorte", erzählt Hawkings. „Das sah so unverfälscht, so herrlich aus." Bindegrün oder Füllmaterial ist unnötig, lassen Sie die Blumen einfach in Packpapier wickeln.

2: EINE SORTE FÜR ALLE FÄLLE WÄHLEN

„Es gibt für jede Jahreszeit definitiv einen Star. Im Winter nehme ich Hahnenfuß, im Frühling Pfingstrosen, im Sommer Dahlien und im Herbst Hortensien. Rosen bekommt man das ganze Jahr über – aber rote können einfallslos erscheinen." Hawkings zieht hellrosafarbene vor. „Die wirken flotter."

WINTER · FRÜHLING · HERBST · SOMMER

3: DER FRISCHETEST

Ein gutes Blumenbukett sollte länger als ein paar Tage halten. Kaufen Sie nichts, was schon in voller Blüte steht. „Sie finden keine frischeren Blumen als solche mit geschlossenen Knospen, nehmen Sie nichts anderes." Achten Sie zudem auf die Farben. „Falls die Blätter oder Blüten gelbe Stellen aufweisen, würde ich sie stehen lassen."

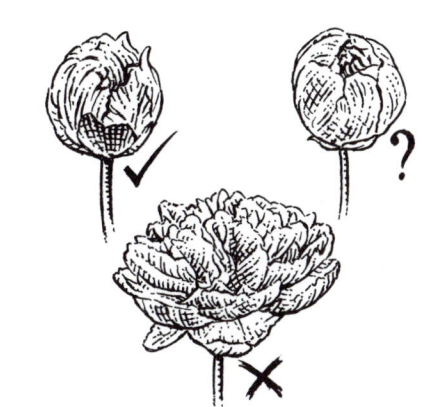

4: KURZ UND HERZLICH GRÜSSEN

„Ein ‚Ich liebe dich' ist nie falsch. Es bedeutet ungeheuer viel, auch wenn Sie schon 13 Jahre verheiratet sind." Das gilt auch für Blumen, mit denen Sie um Verzeihung bitten möchten. „Als mir vor einigen Jahren übel mitgespielt wurde, bekam ich eine Grußkarte mit den Worten ‚Tut mir leid' und einem traurigen Smiley. Mehr musste die Person nicht sagen."

5: UND FALLS SIE KEINEN ANSTÄNDIGEN FLORISTEN FINDEN...

Im Supermarkt gekaufte Blumen müssen zwangsläufig umverpackt werden. Zu Hause „stellen Sie sie in eine Vase, dann passiert nichts". Sind Sie noch länger unterwegs, entfernen Sie das Zellophan und schlagen Sie sie in Packpapier. Geht nicht? Dann kaufen Sie eine Orchidee mit Topf und nehmen Sie sie aus der Verpackung. Fertig.

SCHLAG-KRÄFTIG DISKUTIEREN WIE EIN ANWALT

>> Sollten Sie einmal mit dem Gesetz in Konflikt geraten, wäre Tunde Okewale als Verteidiger Ihre erste Adresse. Er ist auf Kriminalfälle abonniert, arbeitet für die britische Kanzlei Doughty Street Chambers – genauso wie Amal Clooney – und hat als Justiziar einen Ehrfurcht gebietenden Ruf erlangt (sagt auch die Zeitschrift *The Lawyer*, die ihn zum Nachwuchsanwalt des Jahres 2012 kürte). Ferner leitet er das Büro Urban Lawyers, das sich dafür einsetzt, dass Rechtsmittel für Randgruppen leichter zugänglich werden – ein Beispiel für seinen Gemeinschaftssinn, mit dem er sich 2016 um den Order of the British Empire verdient machte. Als sei dies nicht schon vielseitig genug, beschäftigt er sich auch mit Sportrecht, um Fußballer, Boxer und Olympioniken zu vertreten. Wenn Sie sich wieder in eine Debatte verstricken, setzen Sie seinen Rat um und gewinnen Sie die Oberhand ...

1: DIE FRAGE NACH DEM WARUM

„Oft wollen Menschen gar nicht streiten, sondern nur gehört werden" beginnt Okewale. „Wenn Sie Ihnen die Gelegenheit geben, sich mitzuteilen, hören sie sich Ihre Meinung bereitwilliger an." Argumentieren Sie daraufhin stichhaltig, steigt Ihre Chance, sie zu überzeugen. Eine ähnliche Taktik besteht darin, sie zu bitten, ihre Argumente und die Kausalzusammenhänge schrittweise und im Einzelnen zu erläutern. Nicht selten erkennen sie, dass sie nicht richtig verstehen, wofür sie eintreten, oder müssen wenigstens die Annahmen und Vorurteile überdenken, auf denen ihre Ansichten beruhen.

2: INS KREUZVERHÖR NEHMEN

Bauen Sie Argumente, die Ihre Position untermauern, in Fragen ein, die Ihr Gegner bejahen muss. Finden Sie beispielsweise den Liverpooler Fußballklub besser als Arsenal, könnten Sie fragen: „Liverpool steht weiter oben in der Tabelle, richtig?", „Liverpool hat mehr Tore geschossen, nicht wahr?" oder „Stimmt es nicht, dass Liverpool mehr investiert?" und „Du siehst also ein, dass es die bessere Mannschaft ist, oder?" Man wird Ihnen entweder beipflichten oder sich dämlich dabei fühlen, es abzustreiten.

3: HINTERFRAGEN SIE BEWEISMITTEL

Hat ihr Gegenüber ein gutes Gedächtnis, mag er Sie mit Statistiken überrumpeln, die seine Behauptung stützen. Dagegen wehren Sie sich, indem Sie die Richtigkeit der Zahlen anfechten. Fragen Sie z. B. nach der Stichprobengröße, woher die Daten stammen und wie alt die Studie ist. „Falls die Person es nicht weiß, machen Sie deutlich, dass die Statistik nicht unbedingt verlässlich ist." Umgekehrt sollten Sie, wenn Sie sich auf Statistiken berufen, mit Einwänden rechnen. Sagen Sie etwa: „Stimmt, die Umfrage ist nicht mehr aktuell, aber es gibt Hinweise, die sie bestätigen ..."

4: ENTLARVEN SIE FEHLSCHLÜSSE

Wenn Sie verbreitete Fehlschlüsse kennen, können Sie sich dagegen wehren. Es gibt u.a. die Scheinkorrelation, also Verwechslung von Begründung und Zusammenhang; das „argumentum ad incredulum" („Weil ich nicht glauben kann, dass X wahr ist, muss es falsch sein"); und den Strohmann-Trugschluss, bei dem der andere Ihre Argumente widerlegen will, indem er etwas kritisiert, das Sie nie geäußert haben. Mit diesem Wissen können Sie Fehlschlüsse auch selbst anwenden – sie wirken schließlich einleuchtend.

5: TRETEN SIE ÜBERZEUGEND AUF

„Überzeugungskraft wird gern unterschätzt. Manchmal gewinnen Sie eine Diskussion trotz fehlerhafter Logik durch ihre Sprechweise, etwa die Wortmelodie und den Umgangston." Analogien können sehr hilfreich sein, weil sie anschaulich sind und einen Eindruck von Wahrhaftigkeit vermitteln. „Als ich einmal Geschworene überzeugen wollte, einem Klienten zu glauben, der beim Zeugenverhör unter Eid gelogen hatte, erinnerte ich an die Fabel *Der Schäfer und der Wolf.*" Das war überzeugender, als zu sagen: „Wer einmal lügt, muss das nicht ständig tun."

SCHLUSS MACHEN ... ABER WIE?

» Wenn Sie sich von jemandem trennen, brauchen Sie sich weder gemein noch feige zu verhalten. Ihr Ziel sollte darin bestehen, dass Ihre Ex, nachdem sich der Staub gelegt hat, die Art und Weise, wie Sie es getan haben, zu schätzen weiß. Sollten Sie das für vergebliche Mühe halten, ist Natalia Juarez anderer Ansicht. Sie hat in Toronto BetterBreakups gegründet, eine Beratungsstelle für Trennung und Scheidung. Dort hilft man beiden Parteien: den „Abservierten", die ihre Verletzung verarbeiten müssen, und den „Abservierern", die nicht genau wissen, wie sie die leidige Angelegenheit überhaupt angehen sollen.

Indem man sich eingesteht, dass es höchste Zeit für eine Trennung ist, hat man sie laut Juarez schon so gut wie in die Wege geleitet. Aus ihren Erfahrungen schließt sie, man erkenne eine Beziehungskrise am deutlichsten daran, dass sich eine Seite in hohem Maß von der anderen abgestoßen fühlt oder sie verachtet. Die Ursache liegt im Hirn, das die negativen Züge des Partners fixiert, um Gründe zu finden, ihn zu verlassen. „Es beweist, dass Sie keine innigen Gefühle mehr für die Person haben und sie nicht mehr respektieren", verdeutlicht Juarez. Das bedeutet nicht, dass es definitiv vorbei ist – falls Sie denken, die Beziehung sei der Rettung wert, müssen Sie den Dialog suchen –, doch dauert der Zustand zu lange an, lässt sich nur noch schwerlich etwas kitten.

Was auch in Ordnung ist, denn: „Meines Erachtens lässt sich eine erfolgreiche Partnerschaft nicht danach bewerten, wie lange sie hält. Viele haben im Lauf ihres Lebens mehrere Langzeitbeziehungen, also gehört das, was ein gesundes Verhältnis zueinander ausmacht, und die Möglichkeit, sich mit Anstand zu trennen, im Grunde genommen zusammen." Letzteres geht so ...

》 1: REDEN SIE ES SICH NICHT AUS

Kein Zweifel, Veränderungen beunruhigen, und Sie wollen Ihrem Partner nicht wehtun – doch Sie dürfen sich davon nicht aufhalten lassen. Sehen Sie es von der positiven Seite. Juarez empfiehlt diese Denkweise: „Die Person loszulassen ist das Liebevollste, was Sie tun können, denn das macht sie frei für jemand anderen, der wirklich mit ihr zusammen sein möchte."

2: BEREITEN SIE DARAUF VOR

Unerwartet getroffen zu werden, ist traumatisch. „Falls Sie unsicher sind, sollten Sie Ihre Gefühle wiederholt zum Gesprächsthema machen." Obwohl es keinen richtigen Zeitpunkt gibt, um Nägel mit Köpfen zu machen, wird es nicht ganz so schlimm, wenn Sie sich schließlich dazu durchringen. Juarez rät, es an einem Donnerstag zu tun, damit der Partner, falls notwendig, freitags Urlaub nehmen kann, um alles übers Wochenende zu verdauen.

3: GLIMPFLICH, ABER VERBINDLICH

Tun Sie es bei ihr zu Hause, und falls Sie zusammen wohnen, sollten Sie vorher wissen, wohin Sie sich zurückziehen können. Machen Sie keine Vorwürfe, der Tenor lautet: „Du verdienst etwas Besseres, ich kann dir nicht bieten, was du brauchst. Das ist der Grund" und/oder „Wir haben beide mehr verdient, und ich spüre, dass es in unserer Beziehung daran hapert." Stellen Sie zudem klar, wann Sie sie verlassen werden. Sie hat dann die Gelegenheit, Fragen zu stellen, doch die Unterhaltung zieht sich nicht endlos hin.

4: MIT DEN FOLGEN UMGEHEN

Am Ende des Trennungsgesprächs bieten Sie ihr an, in der darauffolgenden Woche noch einmal miteinander zu reden, und kündigen Sie an, dass Sie sich auch auf Social Media abkoppeln werden (daran führt für Juarez kein Weg vorbei). Eventuell müssen Sie auch Dinge zurückgeben, die ihr gehören, und umgekehrt. Tun Sie das innerhalb von 3 bis 10 Tagen über einen neutralen Bekannten. „Packen Sie ihre Sachen ordentlich zusammen und beschränken Sie sich auf die wichtigen Dinge." Beuteltee zurückzugeben ist beispielsweise kleinlich.

5: DARÜBER HINWEGKOMMEN

Für die Alleingelassene ist es aufwühlend, aber auch Sie selbst springen hinterher nicht unbedingt vor Freude im Dreieck. „Man fühlt sich extrem desorientiert und gestresst. Deshalb können Sie darüber Tagebuch führen, sich aussprechen oder mit Sport helfen." Wie denkt Juarez über neue Bindungen? „Das kann zum Überwinden der Trennung beitragen. Wieder mit jemandem zusammenzukommen, ist vielleicht heilsam."

3:

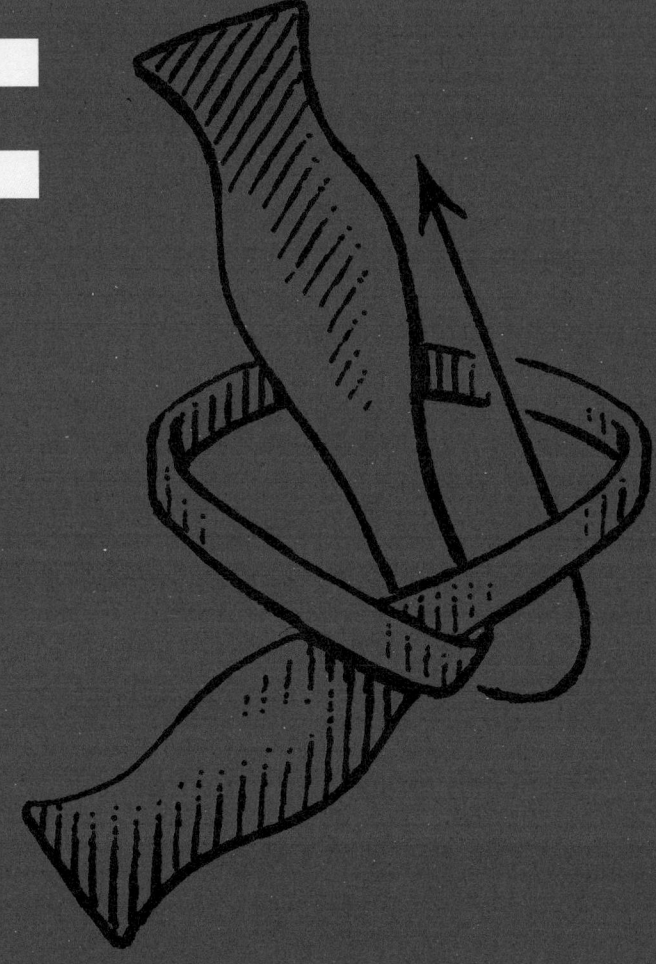

STIL-
BERATUNG

GQ begann unter dem Namen *Apparel Arts*
als Fachzeitschrift für den Groß- und Ein-
zelhandel in der Modebranche. Da sie unbe-
absichtigt Anklang in der breiten Masse
fand, wagte man 1957 unter dem Slogan
„Gentlemen's Quarterly" einen Neuanfang
als Verbrauchermagazin. Der Verleger
gab vor: „Sämtliche redaktionelle Inhalte
widmen sich der Modewelt und damit
zusammenhängenden Feldern." Tja, heut-
zutage wird ein breiterer Themenbereich
abgedeckt – alles von Musik über Sport und
Politik bis zu technischen Entwicklungen
–, auch wenn Style das Steckenpferd bleibt.
In diesem Kapitel zeigen Ihnen Insider sehr
unterschiedliche Kniffe, angefangen bei
Knoten für Männerschals bis zu speziellen
Techniken beim Rasieren ...

DEFINIEREN SIE IHREN EIGENEN STIL

» Erfolgreiche Männer haben einen charakteristischen Look. Denken Sie an Steve Jobs und seine schwarzen Rollkragenpullover, Idris Elbas Polohemden oder Karl Lagerfeld, der sich nie ohne schwarzen Anzug, schwarze Handschuhe und Sonnenbrille zeigt. Man mag es als Marotte auffassen (und machen wir uns nichts vor: bei Lagerfeld ist es eine), doch eine vorhersehbare Garderobe kann praktische Vorteile haben. „Ich trage nur graue oder blaue Anzüge", erzählte Barack Obama in *Vanity Fair.* „Ich versuche, Entscheidungsmöglichkeiten einzugrenzen, weil ich nicht überlegen will, was ich esse oder anziehen soll. Schließlich muss ich so schon zu viele Beschlüsse fassen."

Eine eigene Marke zu entwickeln, ist womöglich auch hilfreich. Wer zu viel zu tun hat, um sich Gedanken über Kleidung zu machen, scheint etwas zu gelten. Davon abgesehen sendet ein bestimmter Stil, auf den man sich festlegt, unterschwellige Botschaften aus. Nehmen wir etwa Mark Zuckerbergs einheitlich graue T-Shirts: Sie suggerieren seinem Vermögen zum Trotz, dass er nicht abgehoben ist, sondern Facebook aus Leidenschaft betreibt. David Gandys uneinheitliche Dreiteiler hingegen machen deutlich, dass er zwar Anzüge trägt, aber – damit wir uns klar verstehen – kein zugeknöpfter Typ ist.

Halten Sie sich an zwei Prinzipien, um einen eigenen Kleidungsstil zu etablieren: Erstens sollte er ihnen optisch schmeicheln. Blautöne stehen beispielsweise hellhäutigen Menschen gut, wärmere Farben solchen mit dunklerem Teint. Zweitens wollen Sie nicht wie eine Figur aus *Die Simpsons* daherkommen und tagein, tagaus das Gleiche tragen – Abwechslung und Flexibilität sind bis zu einem gewissen Grad wichtig. Wir können Ihnen nicht vorschreiben, was genau Sie anziehen sollen, aber Tipps geben, damit Sie ein Gespür dafür entwickeln ...

1: SELBSTKENNTNIS

Machen Sie eine Bestandsaufnahme Ihrer
Garderobe. Liegen verblichene und ausge-
franste Stücke im Schrank? Knüpfen Sie hier
an, indem Sie die Teile aussuchen, die Sie
im Lauf des Jahres am häufigsten getragen
haben, seien es Schuhe, Jeans, Hemden oder
Sportjacken, nicht zu vergessen, ein Anzug.

2: KOMBINIEREN UND VARIIEREN

Stellen Sie mindestens 3 Garnituren von
leger bis zu förmlich zusammen – und pfeifen
Sie auf Trends. Immerhin möchten Sie einen
zeitlosen Look. Als Nächstes kaufen Sie
jeweils mehrere Stücke jedes Artikels (man
weiß nie, wie lange die Jeans hergestellt wird,
deren Schnitt man am liebsten mag) und eine
zusätzliche Hose für den Anzug. Nun haben
Sie eine Grundausstattung.

3: DER PERSÖNLICHE TOUCH

Verleihen Sie dem Ganzen nun eine persönlichen Note. Keith Richards hat seinen Toten-
schädelring, Bob Dylan seine Sonnenbrille,
und Angelo Galasso trägt seine Uhr über dem
Hemdärmel. Sie dürfen es aber auch weniger
exzentrisch angehen – vielleicht mit einem
eleganten Armband, einer Ansteckblume am
Revers oder einer Hornbrille.

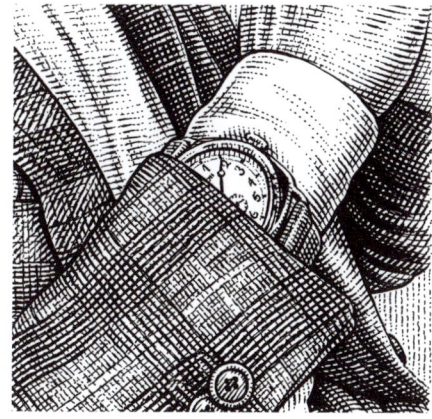

4: WECHSELN NICHT VERGESSEN

Machen Sie nicht den Fehler, denselben Artikel immer wieder anzuziehen, während die Reservestücke wie neu im Schrank liegen. Lederschuhe halten z. B. länger, wenn man sie nach dem Tragen eine Weile stehen lässt. Sie können dann nämlich gründlich trocknen und bleiben in Form. Wechseln Sie die Kleidung andauernd, um deren Verschleiß insgesamt zu verringern.

5: BRECHEN SIE DIE EIGENEN REGELN

Falls eine Situation einen Dresscode erfordert, dem Sie mit Ihrer Garderobe nicht gerecht werden können, kaufen Sie lieber die erforderlichen Stücke, statt einen ungehobelten Eindruck zu hinterlassen. Sie tragen nie Krawatten? Und bei der Hochzeit Ihrer Schwester? Na also!

DIE SAVILE-ROW-FALTUNG FÜR HOSEN

» Wie oft haben Sie schon Ihren sorgfältig gebügelten Anzug aus dem Schrank genommen und dabei bemerkt, dass die Hose vom Kleiderbügel gerutscht ist und ziemlich zerknittert auf dem Boden liegt. In der Londoner Savile Row, wo die ältesten und besten Schneider der Stadt angesiedelt sind, weiß man dem vorzubeugen. Sie wenden seit jeher eine einfache Methode an, um die Beinkleider ihrer Kunden sicher aufzuhängen – nicht mit Klammern oder Clips, sondern indem sie sich das Prinzip der Reibung zunutze machen. Hier lüften wir das Geheimnis ...

1: VORBEREITUNG
Falten Sie die Hose mittig glatt und legen Sie sie ordentlich aufs Bett.

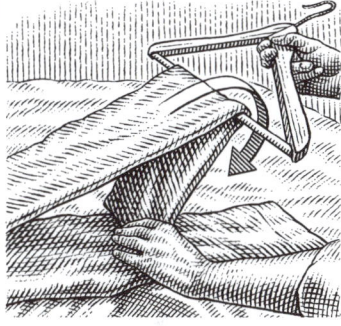

2: EINSCHLAGEN
Ziehen Sie das obere Bein über den Bügel nach innen.

3: NOCH EINMAL
Ziehen Sie das untere Bein genauso weit über das obere.

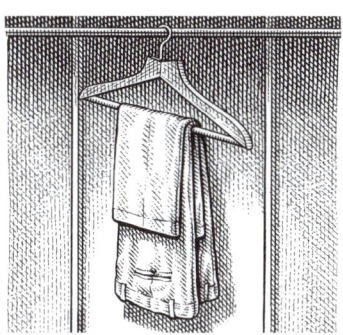

4: AB DAMIT IN DEN SCHRANK
Nun wird Ihnen die Schwerkraft garantiert keine böse Überraschung mehr bereiten.

UNECHTE UHREN ERKENNEN – TEIL 1

» Unbedarfte, die erst mit dem Sammeln von Armbanduhren begonnen haben, lassen Rolex oft links liegen, weil ihnen die Marke aufgrund ihrer Berühmtheit klischeehaft vorkommt. Dafür schießen sie sich auf Namen wie Jaeger-LeCoultre oder A. Lange & Söhne ein, die angeblich etwas für Spezialisten seien. Während sie so nach und nach an Erfahrung gewinnen, setzen sie früher oder später unweigerlich eine Rolex auf ihre Wunschliste – und erwerben bald eine erste für ihre Kollektion. In puncto Verlässlichkeit, Stabilität und Innovation reicht kaum ein anderer Uhrmacher diesem Genfer Unternehmen das Wasser. Zudem sind seine Produkte in der anspruchsvollen Welt der Luxusuhren relativ erschwinglich, vor allem Modelle von „Vorbesitzern" (das ist beschönigender Szenejargon für Gebrauchtware). Leider wimmelt es auf dem Markt von Plagiaten – und die sehen zum Teil besorgniserregend echt aus. Wie stellen Sie also fest, dass Sie Originalware kaufen?

Wir haben uns bei Adrian Hailwood erkundigt, dem ehemaligen Uhrenexperten des Auktionshauses Fellows, das zu den Hauptanlaufstellen der Branche gehört. Sein Rat lautet im Wesentlichen ganz schlicht: „Sie kaufen mit der Uhr auch den Anbieter. Ist es ein Gewerbe mit fester Adresse, die Sie wieder aufsuchen können, falls es ein Problem gibt, wird man Ihnen helfen, ob bei einem Auktionshaus oder einem spezialisierten Vintage-Dealer." Tatsächlich Fälschungen zu erkennen, ist allerdings schwieriger. Dass unechte Rolex-Uhren keinen Gleitzeiger für die Sekunden haben, ist ein Mythos – im Gegenteil, viele verfügen darüber. Achten Sie besser auf feinere Details. Darum brauchen Sie eine Lupe, klein und leistungsstark wie jene von Juwelieren. Damit können Sie die Uhr aus der Nähe begutachten. Beachten Sie dabei folgendes …

1: KENNZEICHEN AUSMACHEN

Ist es eine Uhr aus Gold, suchen Sie ihre Punzen. Dabei handelt es sich um Helvetia, das Wahrzeichen der Schweiz, oder einen Bernhardiner-Kopf. Diese Symbole sollten trotz ihrer winzigen Größe „sehr dreidimensional und plastisch herausgearbeitet wirken", sagt Hailwood. Abnutzungserscheinungen können vorkommen, doch undeutliche Motive sind in jedem Fall verdächtig.

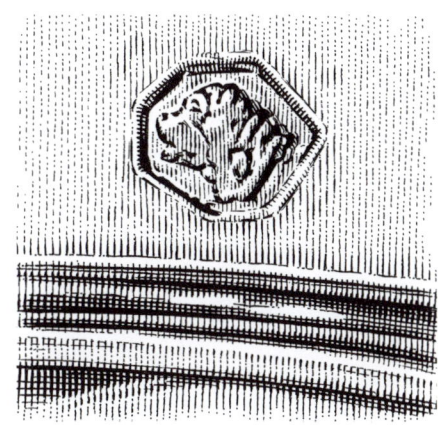

2: AUSWEIS BITTE!

Echtheitszertifikate (ob auf Papier oder im Bankkartenformat) steigern den Wiederverkaufswert, können aber ebenfalls gefälscht sein. „Der Druck ist ausschlaggebend. Er wirkt in solchen Fällen unsauber, wurde schlecht zentriert oder die Farbe verschmiert. Bei Rolex läuft alles hundertprozentig korrekt, und sollte das einmal nicht so ist, denkt man sich: ‚Ist das denn die Möglichkeit?'"

3: INNERE WERTE

„Wenn mich jemand nach dem entscheidenden Faktor für eine absolut sichere Überprüfung fragt, antworte ich immer mit: ‚Das Uhrwerk'" Der Verkäufer sollte sich bereit erklären, Ihnen das Innenleben des Geräts zu zeigen. Es muss auf Hochglanz poliert sein – selbst die Kanten der Einzelteile – und darf in keiner Weise von Fotos des jeweiligen Modells abweichen.

≫ 4: ARMBAND-CHECK

Aufschluss gibt möglicherweise auch das
Armband: Falls sich die Glieder scharfkan-
tig anfühlen, stimmt etwas nicht. „Plagiate
sind nicht so gründlich bearbeitet, dass sie
angenehm in der Hand liegen.“ Bitten Sie
den Anbieter dann darum, das Armband zu
entfernen. Zwischen den Ösen über der 12
(*siehe* Bild) sollte eine von Hand eingravierte
Seriennummer funkeln.

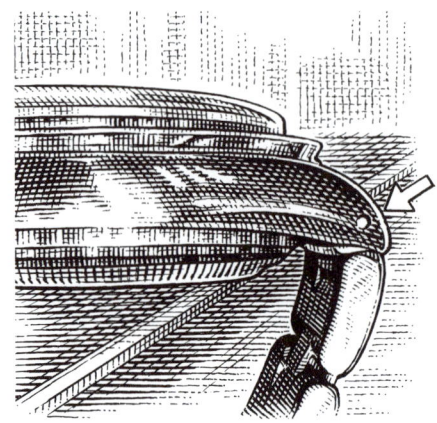

5: VERRÄTERISCHES ZIFFERBLATT

Die Seriennummer befindet sich bei einigen
Modellen im Gehäuse – ihre Ausrichtung
sehen Sie rechts auf dem Bild. Falls die
Uhr mit einer Datumslupe ausgestattet ist,
halten Sie sie schräg, sodass Sie die Anzeige
in normaler Größe sehen. Ändern Sie dann
Ihren Blickwinkel, bis er durch die Lupe aufs
Datum fällt. Häufig vergrößern Fälschungen
nur anderthalb- und nicht zweieinhalbfach.
„Der Unterschied dürfte sofort ins Auge
springen.“

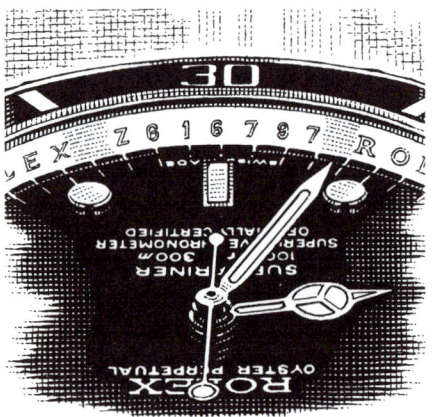

WIE MANN EINEN SCHAL BINDET

» Ein unscheinbarer Schal – so schlicht und doch problematisch. *GQ* wird oft gefragt, wie man ihn tragen soll. Wirkt es zu feminin, ihn zu wickeln und in den Kragen zu stecken? Ist Umhängen zu schnöde? Was wäre generell am besten? Bis zu einem gewissen Punkt lassen sich diese Sorgen nachvollziehen. Der Spielraum von Männern ist in der Mode enger als für Frauen, weshalb wir Kleinigkeiten unverhältnismäßig viel Aufmerksamkeit schenken. Ein bestimmter Knoten passt aber perfekt zu formeller Oberbekleidung. Er hält warm und strahlt Würde aus. Wir nennen ihn „Westenknoten" (oder „Nierenwärmer").

1: NICHT ZU KURZ

Besorgen Sie sich einen längeren Schal. Legen Sie ihn so um den Hals, dass beide Enden auf gleicher Höhe hängen.

2: KREUZ-WEISE

Schlagen Sie die Enden sorgsam und möglichst flach an Ihrer Brust übereinander. Führen Sie sie an den Seiten nach hinten.

3: KNOTEN

Falls der Schal lang genug ist, verknoten Sie die Enden einfach über dem Hosenbund. Ist er es nicht, stopfen Sie sie in die Hose.

4: AUSGANG

Ziehen Sie einen schnittigen Mantel an (Einreiher eignen sich besonders gut) und stellen Sie den Kragen auf. *Voilà*: wohlig warm wie eine Weste, schick wie für den Laufsteg.

TURBO-FALTEN DANK T-SHIRT-ORIGAMI

>> Woher diese Methode stammt, T-Shirts schnell und akkurat zusammenzulegen, ist nicht ganz sicher. Sie wird in Bekleidungsläden von Großbritannien bis in die USA angewandt, aber in erster Linie bringt man sie mit Japan in Verbindung. Grund dafür ist ein Video, das dort im Fernsehen gezeigt wurde. Darin demonstriert eine Frau die Technik, die mittlerweile weite Kreise gezogen hat und online nachgeahmt wird. Kein Wunder: Es ist ein sauberer Alltagskniff, und Profis gelingt er in weniger als fünf Sekunden. Werden auch Sie einer ...

1: HINLEGEN

Legen Sie das Shirt mit der Brustseite nach oben auf eine ebene Fläche. Sehen Sie zu, dass die Kanten gerade sind und der Stoff ganz glatt ist.

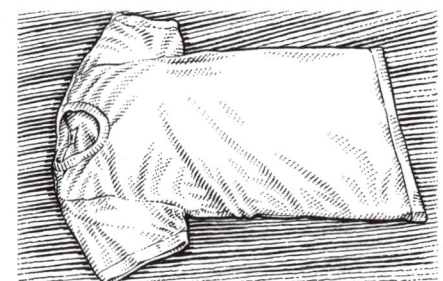

2: INS FADENKREUZ NEHMEN

Stellen Sie sich eine vertikale Linie vor, die exakt mittig über das Shirt verläuft, und eine weitere, die sich vom Mittelpunkt aus horizontal zur Naht der rechten Schulter zieht. Wo sich die beiden Linien treffen, kneifen Sie den Stoff mit der linken Hand zusammen.

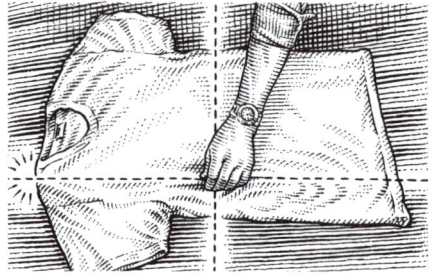

3: HALTEN UND FALTEN

Nehmen Sie die rechte Schulternaht in der Mitte zwischen den rechten Daumen und Zeigefinger. Greifen Sie mit rechts über Ihre linke Hand, um den Stoff hinüberzuziehen, und heben Sie den Stoff am anderen Ende der horizontalen Linie an.

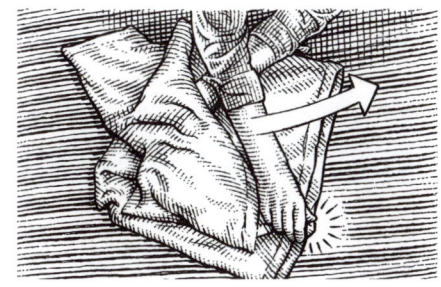

4: AUSSCHÜTTELN

Während Sie die Hände auseinandernehmen, ohne den Stoff loszulassen, denken Sie vielleicht, dass das nicht klappen wird, aber verlassen Sie sich drauf: Das wird es. Schütteln Sie das Shirt flach aus.

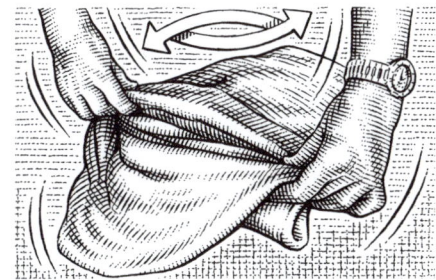

5: ZURECHTZUPFEN

Legen Sie das T-Shirt wieder so hin, dass der linke Ärmel darunter eingeschlagen ist. Fertig.

WIE IHRE SNEAKER STRAHLEND WEISS BLEIBEN

>> Welche Turnschuhmodelle sind anhaltend beliebt? Beispielsweise der Nike Air Force 1. Dessen klobiges Design, das 1982 auf den Markt kam, fand auch über seine ursprüngliche Fangemeinde in der Hip-Hop-Szene hinaus derart reißenden Absatz, dass der Schuh zum Jedermann-Treter wurde. Oder der Adidas Superstar: Nachdem ihn die Basketballprofis der NBA in den 1970er-Jahren schätzen lernten, sieht man ihn heute an beinahe jedem zweiten Fußpaar, ob bei Jay-Z oder David Beckham. Und dann wären da noch die Chuck Taylor All Stars von Converse, die entstanden, als ihr schließlicher Namensgeber einer Basketballmannschaft beitrat, die von dem Hersteller gesponsert wurde – und zwar schon 1923. Was haben all diese zeitlosen Schuhe nun gemein? – Sie sind größtenteils weiß.

Das ist kein Zufall. Weiße Sneaker finden mehr Zuspruch. Sportschuh-Fanatiker sind versessen auf Seitenprofile, und farbloses Material hebt die Form hervor. Darüber hinaus ist man mit weißen Schuhen flexibler und in modischer Hinsicht quasi ein unbeschriebenes Blatt, das verschiedene Looks kultivieren kann, egal zu welcher Jahreszeit und in welchem Jahrzehnt.

Zu dumm nur, dass Sie noch so sehr auf weiße Turnschuhe achten können und sie dennoch praktisch unausweichlich dreckig machen – was Sie ärgern wird, wenn Sie nur annähernd so drauf sind wie wir. Ein frisch ausgepacktes Paar Nike Air Jordans kann man zur Arbeit im Büro tragen (falls es dort so leger zugeht), doch sobald es sich abnutzt, vergessen Sie's – es gibt ja sogar Nachtklubs, wo Sie deswegen Eintrittsverbot bekämen. Stoffschuhe kann man einfach in die Waschmaschine stecken, kniffliger ist es dagegen, Sneaker mit Obermaterial aus Leder oder Synthetik wieder blütenweiß zu bekommen. Hat aber jemand behauptet, es sei einfach, gut auszusehen?

1: SCHUHBÄNDER BLEICHEN

Ziehen Sie die Schnürsenkel ab und legen Sie sie in eine Schale mit lauwarmem Wasser, das Sie mit etwas Reinigungsmittel und einem Schuss Bleiche versetzen. Bewegen Sie den Stoff in der Flüssigkeit, während Sie daran reiben; danach fünf Minuten lang stehen lassen. Spülen Sie die Senkel dann mit klarem Wasser ab und legen Sie sie zum Trocknen mit der flachen Seite auf Küchenkrepp.

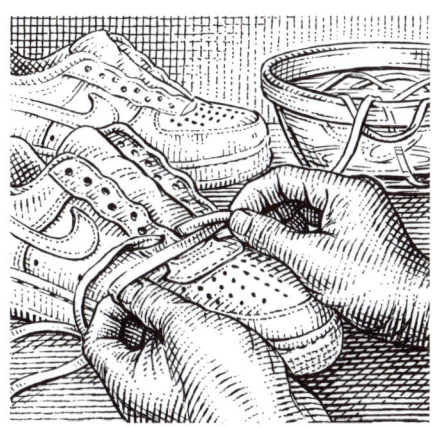

2: ABBÜRSTEN

Wischen Sie die Schuhe mit einem feuchten Lappen ab, bevor Sie mit einer Zahnbürste Schmutz aus Ecken und Rillen beseitigen. Im Supermarkt finden Sie bestimmt Scheuer-Pads zum Entfernen von Flecken – die sind zwar für den Hausputz gedacht, eignen sich aber auch hervorragend zum Abreiben von Striemen an den Rändern der Sohlen.

3: EINSEIFEN

Kaufen Sie Spezialreinigungsmittel in einem Fachhandel, wo es Sneaker gibt – oder verwenden Sie, falls das nicht möglich ist, einfach normales Spülmittel. Spritzen Sie etwas davon auf eine saubere Schuhbürste, halten Sie diese in heißes Wasser und fahren Sie über die Oberfläche, sodass es schäumt. Achtung: Stellen aus Wildleder mit weicheren Borsten bearbeiten.

⟫ 4: TROCKEN REINIGEN

Spülen Sie den Schaum mit warmem Wasser ab. Dann putzen Sie die Schuhe sanft mit einem Mikrofasertuch trocken. Bei besonders hartnäckigen Flecken müssen Sie kräftiger reiben, doch passen Sie auf, damit Sie das Material nicht beschädigen. Grob dürfen Sie nur die strapazierfähigen Stellen bearbeiten, etwa die Sohlen oder den Bereich der Zehenspitzen.

5: SCHUTZMASSNAHMEN

Sprühen Sie Fleckenschutz auf, den es eigens für Turnschuhe gibt. Sollten Sie eine neue Jeans anziehen, kleben Sie den Innensaum der Beine ab, damit sie nicht aufs Leder abfärben. Nennen Sie es pingelig; wir sagen, es ist gewissenhaft.

HEMDEN IM MILITÄRSTIL EINSTECKEN

» Es gibt kaum etwas Unmodischeres als wallende Hemden. Darum haben wir uns ein wenig umgehört, als wir erfuhren, dass US-Soldaten unter sich eine Methode anwenden, um allzeit ansehnlich zu bleiben. Beim Marinekorps trägt man generell elastische Hemdhalter, wenn man sich von seiner besten Seite zeigen muss, doch falls diese nicht griffbereit sind oder der Anlass keine solche Akribie erfordert, genügt der folgende Trick – vorausgesetzt, ihr Hemd ist nicht so weit geschnitten, dass es wie ein eingefallenes Soufflé aussieht. Kaufen Sie sich einfach ein engeres. Alles klar? Dann weiter …

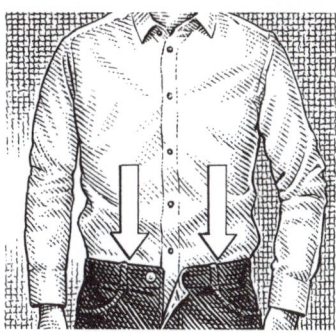

1: HOSE HOCH
Stecken Sie Ihr Hemd vorn ein. Reißverschluss zu, aber noch nicht knöpfen.

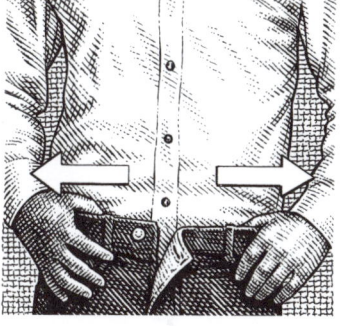

2: DAUMENEINSATZ
Umfahren Sie Ihre Taille mit den Daumen im Hosenbund, um den Stoff ganz einzufüllen.

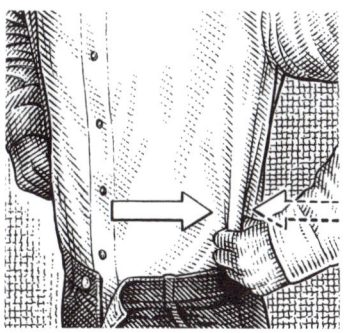

3: FALTEN
Wo der Stoff nun am Becken absteht, schlagen Sie ihn zu Falten um.

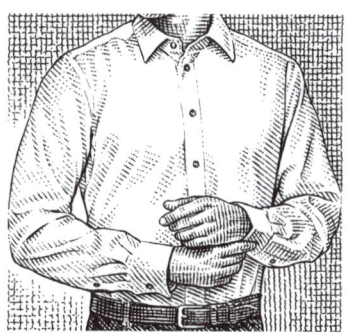

4: LETZTE ANPASSUNGEN
Knöpfen Sie die Hose zu und ziehen Sie sich weiter nach Bedarf an. Wegtreten!

RASUR AUF GANZ NEUEM NIVEAU

» Dürfen wir Ihnen ein Geheimnis verraten? So manches über die Nassrasur hat Ihnen Ihr Vater nie beigebracht. Obwohl man Stoppeln gründlicher als mit einem Apparat kürzt, indem man die Standardmethode „Klinge an den Wangen runterziehen" anwendet, wird das Gesicht trotzdem nie völlig glatt. Vorhang auf für Rasur-Freaks, die sich seit den 1990er-Jahren in Web-Foren tummeln und eine Reihe ausgeklügelter Techniken entwickelt haben. Besonders bekannt ist der Texaner Mark Herro, der auf Sharpologist.com bloggt. Er erklärt, wie Sie Ihrem Gesicht etwas Gutes tun können …

1: DIE NÖTIGE VORARBEIT

Ehe Sie die beiden folgenden Techniken ausprobieren, sollten Sie die gröbsten Stoppeln bereits loswerden. Am leichtesten fällt das mit Herros „Gillette Slide", wobei Sie den Rasierer schräg abwärts führen, aber waagerecht halten. „In diesem Winkel schneidet die Klinge besser", erklärt der Erfinder. „Wie eine Guillotine."

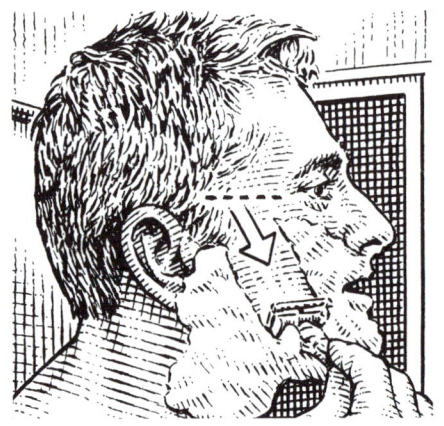

2: ALLES IM GRIFF

Um den „J-Haken" (*siehe* 3) auszuführen, tragen Sie zunächst neuen Schaum auf. Nehmen Sie den Griff des Rasiers locker zwischen die Fingerspitzen. Überhaupt ist Lockerheit beim Rasieren das A und O. „Ansonsten drücken Sie zu fest, sodass die Haut Falten wirft und die Klinge keinen gleichmäßigen Kontakt mehr damit hat."

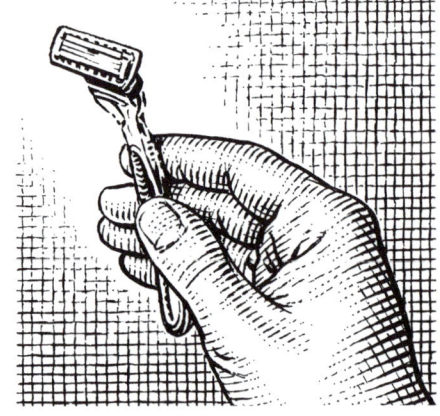

3: DER „HAKEN" AN DER SACHE

An Stellen, wo die Haare nicht in ein und
dieselbe Richtung wachsen, ziehen Sie
die Klinge so, als würden Sie ein kleines J
schreiben. „Denken Sie dabei an einen Golfschlag. Sie nehmen mit Blick auf den Bereich
Schwung, den Sie rasieren möchten, setzen
zur Hakenbewegung an, während Sie sich
nähern, und führen sie durch."

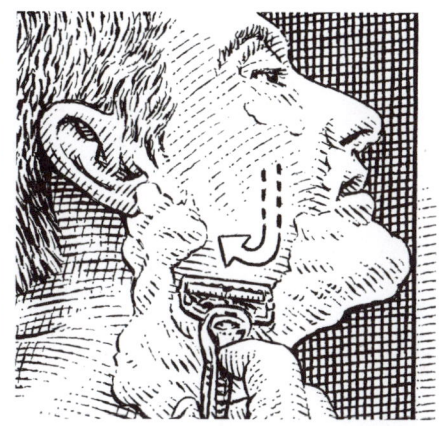

4: ABWECHSELN

Je nach Wuchsrichtung der Haare wenden
Sie den „J-Hook" horizontal an. „Die Technik kam mir zuerst so unsicher vor, dass ich
sie erst nach einem halben Jahr ausprobierte.
Dabei wurde mir bewusst, dass sie eigentlich
nicht schwierig ist. Ich gebrauche sie mehr
oder weniger regelmäßig, um vereinzelte
Stoppeln an meinem Hals zu entfernen."

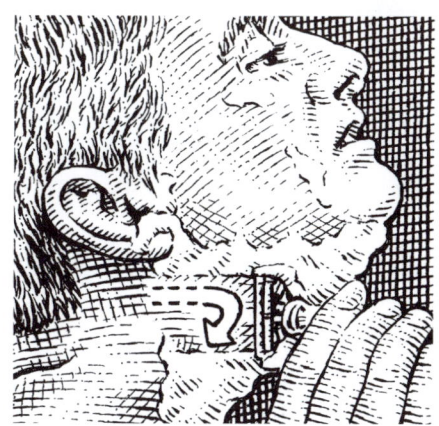

5: „RUBBELN" SIE SICH GLATT

Kratzt die Haut immer noch? Verstreichen
Sie frischen Schaum für Herros „Rub-
bel-Kniff". Dabei wird der Rasierer schnell
ohne starken Druck angesetzt und ein
kurzes Stück weit gezogen. Achtung, diese
Technik ist für Aufsteckklingen vorgesehen.
„Rasieren Sie dieselbe Stelle wiederholt,
damit es ganz glatt wird, jeweils um ein paar
Millimeter verschoben." Vorsicht allerdings:
Nicht zum ersten Mal versuchen, wenn ein
Bewerbungsgespräch ansteht.

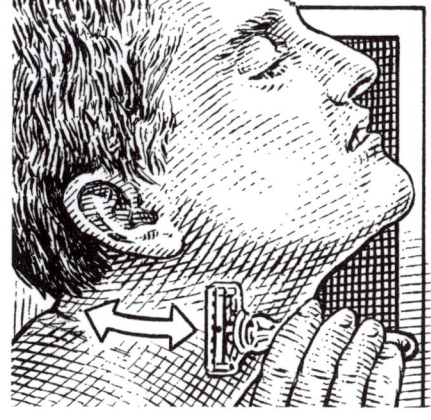

UNECHTE UHREN ERKENNEN – TEIL 2

» Schon als Kind eignete sich Danny Pizzigoni ungeheure Kentnisse über Armbanduhren an. Oft begleitete er seinen Vater, der in der Branche tätig war, auf Märkte und Auktionen in London, wo er wie ein Schwamm eine Fülle von Informationen aufsaugte. Mit 15 wusste Pizzigoni, dass er die Schule abbrechen und genug Geld in diesem Gewerbe verdienen konnte; genau das tat er zwei Jahre später auch.

Seine Taktik beruhte darauf, Uhren recht günstig in Großbritannien zu erstehen, wo die Nachfrage vergleichsweise gering war, und sie wesentlich teurer in Mitteleuropa zu verkaufen. „Ich gewann erste Privatkunden in Italien, etwa Ärzte und Geschäftsleute mit Erfahrung, die nach einer außergewöhnlichen Patek Philippe oder besonders raren Rolex suchten." 1996, als er sich im oberen Marktsegment wiederfand, eröffnete er einen Laden in Mayfair, der mehr Luxus bot als die Konkurrenz. „Es war ein exklusives Geschäft in der Bond Street, wo eben exklusive Uhren verkauft werden."

Heute firmiert es unter The Watch Club und setzt jährlich mehrere Tausend erlesene Uhren an Kunden von Hongkong bis Amerika und Russland bis Frankreich ab. Gesehen wurden dort schon Persönlichkeiten wie Paul McCartney, James Corden, Arnold Schwarzenegger oder Daniel Day-Lewis. Die Bekanntheit hat Pizzigoni zum Teil seinem Ruf zu verdanken: Wer bei ihm kauft, darf davon ausgehen, dass die Ware authentisch ist. Das bedeutet aber keineswegs bloß „nicht gefälscht", sondern auch, dass niemand am Zifferblatt herumgepfuscht hat. Beim Kauf klassischer Armbanduhren legt man Wert darauf, dass es nicht erneuert wurde („redialled", im Fachenglischen), denn das mindert den Wert. Hier erläutert Pizzigoni, was es diesbezüglich zu beachten gilt …

1: DAS ALTER CHECKEN

Das Zifferblatt einer Vintage-Uhr sollte alt aussehen. Weiße werden mit der Zeit beispielsweise mattgelb. Überprüfen Sie außerdem die Beleuchtung. „In den 1950er-Jahren wurde Radium als Leuchtstoff verarbeitet, obwohl es hochradioaktiv ist", erzählt Pizzigoni. „Ein solches Zifferblatt weist demnach Spuren von Radiumverfall auf." Des Weiteren ist alter Leuchtstoff trocken und hat sich verfärbt.

2: DER TEUFEL IM DETAIL

Die meisten Zifferblätter von Armbanduhren sind bedruckt, wohingegen ersetzte nicht selten von Hand bemalt wurden. Achten Sie auf Abweichungen, Schmierstreifen und uneinheitliche Schrifttypen. „Viele Zifferblätter wurden früher mit hübschen Serifen versehen, selbst noch so kleine Buchstaben, und das erkennt man nur bei starker Vergrößerung. Ersetzte Zifferblätter erreichen diese Qualität nicht."

3: GENAU HINSEHEN, WO ES KOMPLIZIERT WIRD

Die Überlagerung von Hilfszifferblättern mit dem Hauptblatt wurde bei Imitaten möglicherweise schlampig ausgeführt, und das merkt man. „Dabei handelt es sich grundsätzlich um Nachlässigkeit. Die Originalhersteller arbeiten mit Druckplatten unter Laborbedingungen, und falls ihnen etwas nicht perfekt gelingt, wird es schlicht entsorgt und von vorn angefangen. So etwas glaubwürdig zu replizieren, ist äußerst schwierig."

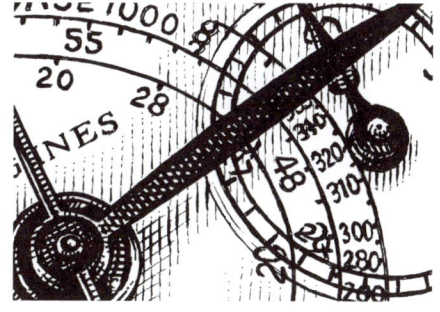

4: DIE ZEIGER ZEIGEN'S

Sind Farbflecke auf den Stundenzeigern zu sehen? – Extrem verdächtig. Falls der Restaurateur die Zeiger entfernt und nach seiner Arbeit am Zifferblatt wieder eingesetzt hat, erkennt man dies eventuell auch. Wenn sie etwa nicht flach aufliegen, ist das ein offensichtlicher Beleg dafür: „Es bedeutet, dass die Zeiger mit Gewalt herausgenommen und ebenso mit Gewalt wieder befestigt worden sind."

5: KERBEN BRINGEN KEIN GLÜCK

Schauen Sie nach, ob sich an der Kante des Zifferblatts – meistens im Bereich der 3 – eine Einkerbung befindet. Wer frühe Uhren instand setzte, markierte sie mitunter auf diese Weise, bevor er die gesamte Farbe vom Zifferblatt entfernte, und orientierte sich später beim Wiedereinbau daran. Dann waren garantiert alle Ziffern korrekt ausgerichtet, wenn das Blatt eingesetzt wurde. „Sonst hätte die Anzeige ja plötzlich auf dem Kopf stehen können!"

AUF DIESE FLIEGE FLIEGEN ALLE

» Stilbanausen denken, der Vorteil einer „echten" Hemdfliege offenbare sich zu später Stunde, wenn man sie aufziehen und lässig vom Kragen hängen lassen kann. Sicher, das sieht in der Tat klasse aus, doch als Mann von Welt zeigt sich von vornherein derjenige, dem man ansieht, dass er seine Fliege selbst gebunden hat. Wir haben eine narrensichere Anleitung parat, mit der Ihnen nicht nur das Binden gelingen wird (nicht verzagen), sondern auch ein cooler Knitter-Look. Lassen Sie sich nie wieder der Ansteckfliegen-Fraktion zuordnen ...

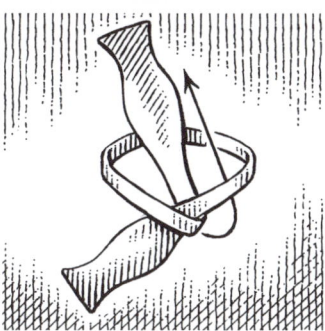

1: UMLEGEN
Beim Knoten bleibt ein Ende etwas länger. Schlagen Sie es einmal um das kürzere.

2: VERDREHEN
Ein Ende wie eine Schleife festhalten, das andere hängen lassen und einmal drehen.

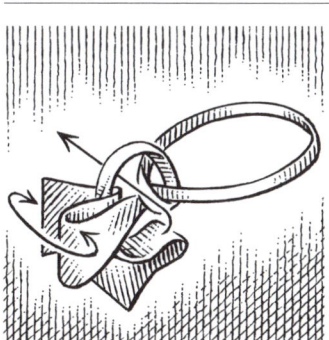

3: DIE GANZE SCHLEIFE
Das andere Ende zu einer Schleife fälteln und durchs das Loch hinter die erste schieben.

4: FEINABSTIMMUNG
Festziehen und zurechtrücken – doch nur so weit, dass es noch leicht schludrig frech wirkt.

SCHUHE PUTZEN LEICHT GEMACHT

» In früherer Zeit wusste jeder Mann, wie man Schuhe richtig putzt. Mit dem Aufkommen von Sneakern, Synthetikstoffen und „Sofortglanz"-Schwämmen (oh Graus) ging diese Kenntnis zusehends verloren. Bei George Cleverly wird sie jedoch weiterhin am Leben gehalten. In der 1958 in London eröffneten Schuhmacherei gaben sich schon Sir Michael Caine, Alexander McQueen, Jonathan Ive oder David Beckham die Klinke in die Hand – und Produktionsleiter Adam beruft sich noch auf eine traditionelle Poliertechnik, die Hochglanz garantiert. „Der Vorgang macht das Material widerstandsfähiger", versichert er. „Wenn man Wasser auf ein blank geputztes Paar Schuhe tropft, perlt es einfach ab." Und so schaffen Sie es, dass Ihre Fußbekleidung länger funkelt ...

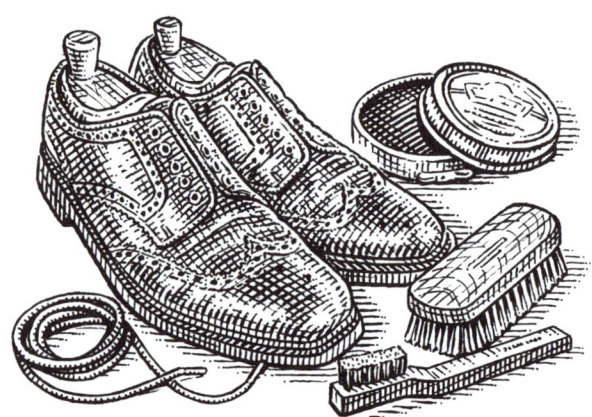

1: GRÜNDLICH REINIGEN

Ziehen Sie die Schnürsenkel heraus, damit sie nichts von der Creme aufnehmen, die Ihre Hose dann schmutzig machen könnte. Nachdem Sie Schuhspanner eingesetzt haben, ist die Oberfläche fest und bereit zum Bearbeiten. Säubern Sie das Leder mit einer weichen Pferdehaarbürste, ehe Sie sich um die Nähte kümmern. Dazu gibt es gesonderte Modelle, die wie große Zahnbürsten aussehen. „Nach der Reinigung müssen die Schuhe völlig schmutzfrei sein, sonst bleibt beim Polieren etwas an Tuch oder Bürste hängen, das Sie dann auf dem Leder verteilen, wobei es zerkratzt wird."

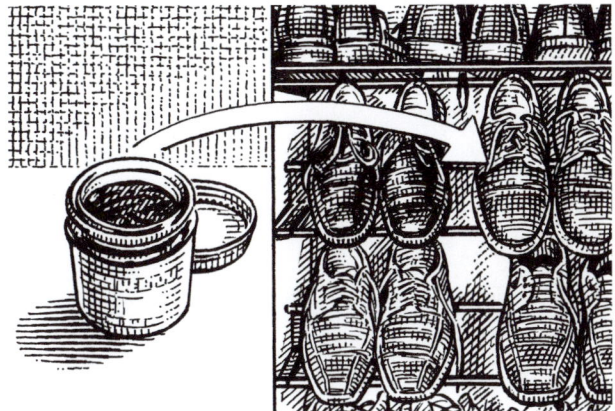

2: FEUCHT HALTEN (OPTIONAL)

Falls Sie die Schuhe regelmäßig tragen, springen Sie gleich zu Schritt 3. Handelt es sich aber um ein Paar für eine bestimmte Jahreszeit, das Sie nach dem Putzen zurück in den Schrank stellen, tragen Sie mit einem Tuch oder einer Bürste Lederfett auf. „Sie brauchen nicht damit zu sparen – die Zunge nicht vergessen –, sollten es aber lange genug einziehen lassen", empfiehlt Law. „Das ist wichtig, denn wenn Leder austrocknet, wird es spröde und reißt, womit der Verfall vorprogrammiert ist."

3: DIE GRUNDPOLITUR

Gönnen Sie den Schuhen eine mehrstufige Pflege. Tragen Sie mit einer Rundbürste Creme auf die Oberflächen, Nähte und etwaige Lochmuster auf. „Kleinere Bürstenköpfe bieten sich an, weil man sich damit mehr Mühe geben muss, um die Politur ins Leder zu reiben." Verwenden Sie für braune Paare farblich entsprechende, aber etwas hellere Creme, und keine farblose, denn die deckt keine Schrammen ab. Wenn Sie fertig sind, machen Sie sich an die zweite Schicht. Danach warten Sie eine halbe Stunde und bringen das Material mit der Pferdehaarbürste zum Glänzen.

4: IMMER IM KREIS

Stülpen Sie ein staubfreies Tuch über einen Zeigefinger – Law empfiehlt die Marke Selvyt – und verteilen Sie mit kleinen Kreisbewegungen (Durchmesser ca. 2,5 cm) eine dritte Schicht Politur auf dem Leder. Durch die Reibung löst sich die Politur auf.

„Dabei wird sie nach und nach trübe, aber machen Sie genau so weiter, denn mit der Zeit verschwindet die Eintrübung." Wiederholen Sie diesen Schritt noch einmal.

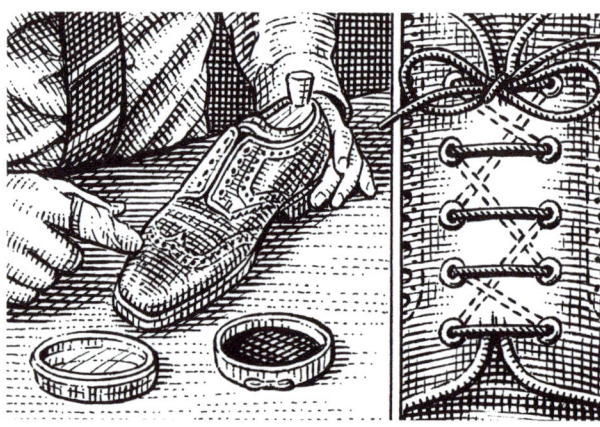

5: MEHR SCHICHTEN POLITUR

Geben Sie etwas Wasser in den Deckel der Politurdose. Befeuchten Sie dieselbe Stelle des Tuchs damit, die Sie zum Auftragen benutzt haben. Nachdem Sie das Leder genauso in Kreisbewegungen damit eingerieben haben wie zuvor, verteilen Sie eine weitere Schicht Politur darauf – wieder wie in Schritt 4, bis die Eintrübung verschwindet. Nun folgt erneut Wasser. Wiederholen Sie diesen Wechsel zwischen Politur und Wasser weitere vier Mal. „Üben Sie Schicht für Schicht immer weniger Druck aus." Jetzt sollten die Schuhe regelrecht blitzen. Schnürsenkel einfädeln und Go!

EIN NATO-UHRBAND FEST-SCHNALLEN

»» Zum Aufpeppen einer Armbanduhr macht schon ein Tausch des ursprünglichen Armbands gegen ein hochwertiges aus Nylon einiges aus. Solche sind nicht nur angenehmer zu tragen, sondern wirken auch sehr schick – siehe James Bonds Rolex in *Goldfinger* (1964). NATO-Bänder sind am besten. Dank ihres Spezialverschlusses verliert man Uhren selbst dann nicht, wenn ein Federsteg bricht. Seit ihrer Einführung beim Militär 1973 (der Name kommt von ihrer NATO-Klassifizierungsnummer) haben sie Klassikerstatus erlangt. So schließt man sie …

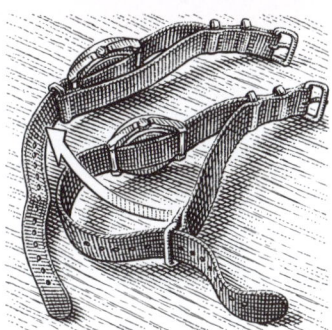

1: ALLES FEST?
Sehen Sie nach, ob das Gehäuse wie in der Abbildung am Band befestigt ist.

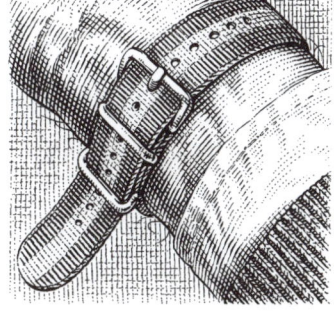

2: ANZIEHEN WIE IMMER
Halten Sie inne, wenn Sie so weit sind wie hier gezeigt. Nun gibt es 2 Optionen …

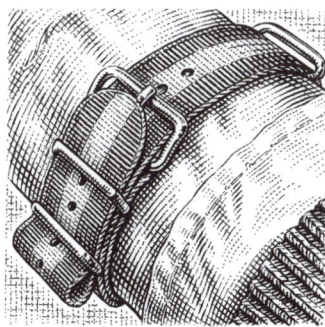

3: DIE TRADITIONELLE …
Führen Sie das Band einmal umgeschlagen unter die Bügel. Klassisch, schnell zu öffnen.

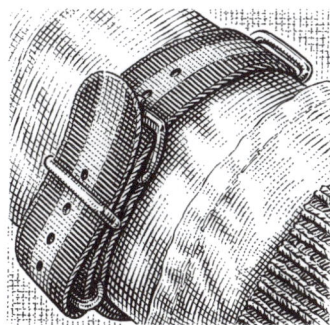

4: … ODER DIE GANZ SICHERE
Falls lang genug, führen Sie das Band über den unteren Bügel – und unter den oberen.

4:

SPORT & WOHL-BEFINDEN

Im Sport sind es oft Kleinigkeiten, die Ihnen zu Fortschritten verhelfen. Indem man Lauf- oder Schwimmgewohnheiten leicht verändert, lassen sich Ausdauer und Tempo mit wenig Aufwand erhöhen; korrigieren Sie Ihren Aufschlag beim Squash geringfügig, mag der nächste Punkt an Sie gehen, und möglicherweise verbessert sich die Trefferquote beim Kegeln, wenn man die Kugel anders greift. In diesem Kapitel behandeln wir all das und mehr, auch Spiele im Casino, wo andere Faktoren eine Rolle spielen. Falls Sie also bisher dachten, Blackjack oder Sportwetten seien grundlegend Glückssache, schreiben Sie sich die folgenden Ratschläge hinter die Ohren ...

LAUFEN WIE EIN SPITZEN-ATHLET

» Das Laufen braucht man nicht mittels Unterricht zu lernen. Anders als etwa Tennis macht man es intuitiv, weil es sich quasi aus dem Gehen ergibt – und das ist der Knackpunkt. „Wir laufen in der Regel so, wie es uns angenehm ist", sagt Mike Antoniades. „Das führt dazu, dass man langsamer wird und sich leichter verletzt." Als Fußballer und Sprinter gibt der gebürtige Zypriot seit über 30 Jahren Leistungs- bzw. Konditionstraining. 2007 gründete er The Running School, um seine Ideen zu verbreiten. Derzeit unterhält er Schulen in sechs Ländern, und mit olympischem Gold ausgezeichnete Sprint-Asse wie Christine Ohuruogu wenden sich ebenso an ihn wie Kicker aus der Premier League. „Einige kommen heimlich", verrät Antoniades. Feinabstimmungen müssen dem jeweiligen Laufstil Rechnung tragen, aber 5 Prinzipien sind allgemeingültig...

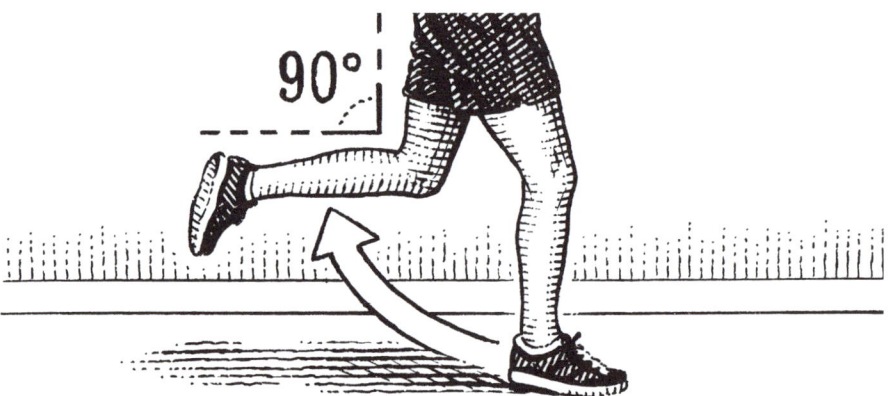

1: AUF DEN AUFTRITT KOMMT ES AN

Verlagern Sie Ihren Körperschwerpunkt so, dass Sie mit den Füßen unter Ihrem Becken auftreten. „Zu weite Schritte bremsen aus, man gerät ins Straucheln und fängt sich nicht mehr", erklärt Antoniades. Dem beugen Sie am einfachsten vor, indem Sie die Unterschenkel rechtwinklig nach hinten hochwerfen. Daraus ergibt sich eine Kreisbewegung, wobei man von den kräftigen Gesäß- und hinteren Oberschenkelmuskeln angetrieben wird. Zudem sollten Sie mit den Ballen auftreten – außer Sie haben besonders breite Füße, die das möglicherweise erschweren.

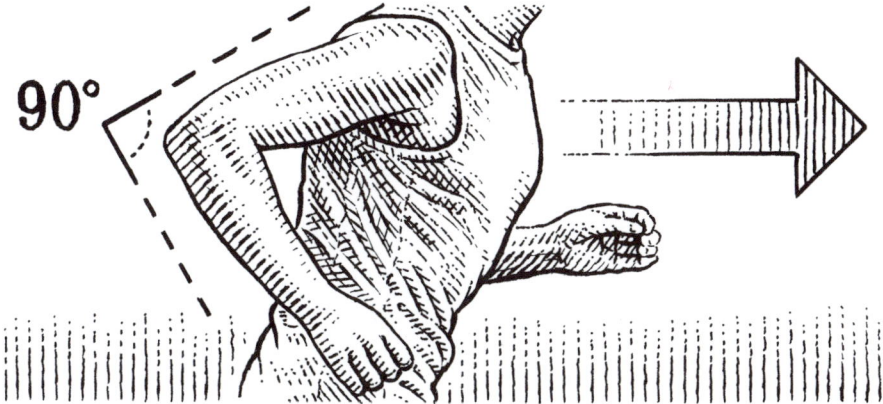

2: ELLBOGENEINSATZ

Halten Sie die Ellbogen beim Zurückziehen rechtwinklig. Das hindert Sie daran, mit den Schultern zu rollen. „Läufer, die das tun, nenne ich gerne ‚Twister‘. Sie schwingen die Arme meistens über die Mittellinie des Oberkörpers hinaus, sodass die Rückwärts-bewegung mehrere andere Körperteile stark beansprucht." Obwohl sich Ihre Brust zwangsläufig ein bisschen bewegt, sollten Sie sich bemühen, sie immer relativ ruhig zu halten. Selbst Profisportler tun sich schwer damit, diesen Fehler zu unterlassen.

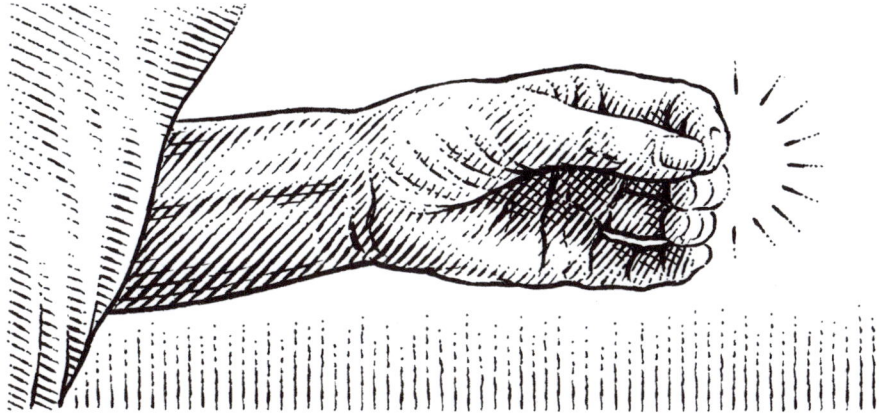

3: FINGERSPITZENGEFÜHL

Stellen Sie sich vor, Sie würden einen Schmetterling sanft zwischen Daumen und Zeigefinger halten. „So entspannen Sie den gesamten Schultergürtel und können die Ellbogen locker zurückschwingen lassen, ohne Ihre Schultern hochzuziehen und anzuspannen. Der Körper ist von Natur aus rhythmisch orientiert und stellt sich unweigerlich auf gleichmäßige Bewegungen ein. Falls Sie also keinen Rhythmus mit den Armen vorgeben, wackelt Ihr Kopf – was man bei vielen Leuten sieht, die laufen – oder der Oberkörper." Ungut.

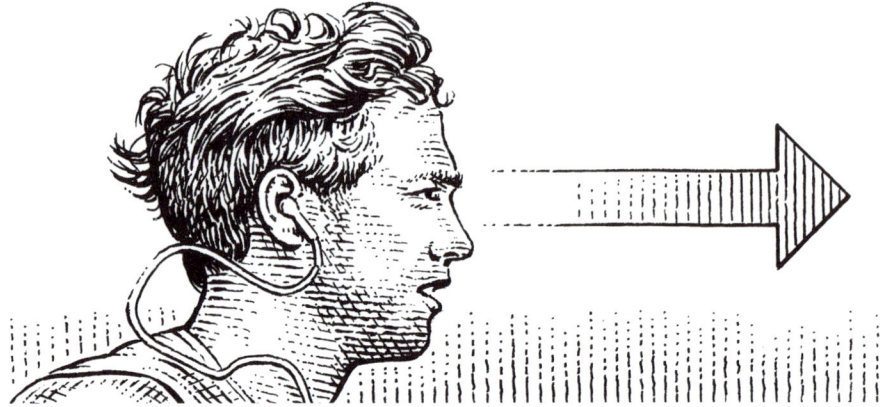

4: APROPOS KOPF...

Halten Sie sich aufrecht und richten Sie den Blick geradeaus statt nach unten. Aber was, wenn man auf unebenem Geläuf unterwegs ist? „Unser Blickfeld reicht eigentlich ziemlich weit. Nach unten zu schauen und sowohl den Boden als auch das zu sehen, was vor Ihnen liegt, sollte kein Problem sein. Beobachten Sie mal erfahrene Gebirgsläufer, die schauen nicht nach unten, sondern nach vorn, und erkennen am unteren Rand ihres Gesichtskreises, wo sie auftreten, wobei sie, falls nötig, entsprechend reagieren können."

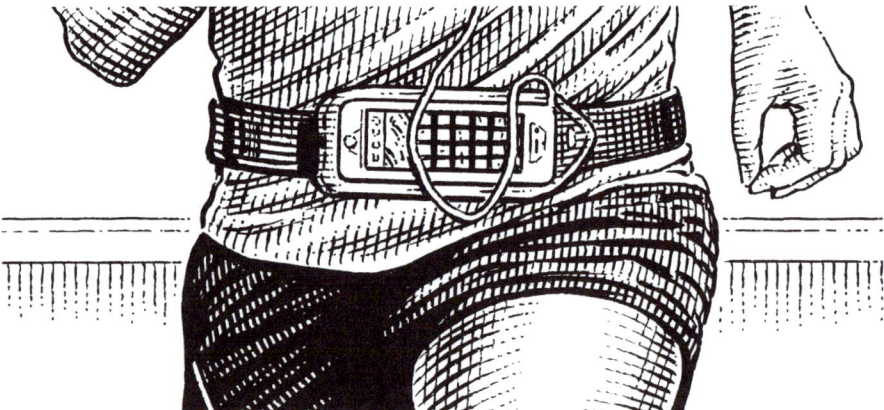

5: MIT MUSIK FÄLLT'S LEICHTER

Halten Sie Abspielgeräte nicht in der Hand, denn das behindert die Bewegungsabläufe. Am Gürtel hingegen sind sie hilfreich: Laut Antoniades kann Musikhören unsere Leistung um etwa 20 Prozent steigern. Man muss aber relativieren. „Spitzenathleten nehmen auf Langstrecken keinen Soundtrack mit, da sie sich konzentrieren wollen. Mo Farah beispielsweise hört nur vor und nach dem Laufen Musik, um zu entspannen.

MACHEN SIE MEHR AUS IHREM WORKOUT

>> Was beim Krafttraining leichtfällt: sich nicht zu verletzen. Ein wenig Erfahrung und Gefühl für den eigenen Körper genügen normalerweise, um nicht zum Physiotherapeuten zu müssen. Schwieriger ist es allerdings, effektiv zu trainieren. In nahezu jedem Kraftraum erlebt man, wie selbst motivierteste Eisenpumper patzen – weil sie entweder Übungen machen, die nichts bringen, oder falsch trainieren, sodass andere Muskeln als gewollt beansprucht werden. Langfristig kann das problematisch werden. Um den renommierten Fitnessbetreuer Jonathan Goodair zu zitieren: „Wie Sie Ihren Körper behandeln, wird er auch aussehen." Er hat Madonna, Cate Blanchett, Ralph Fiennes, internationale Rugbyspieler und viele andere trainiert, die körperlich immer auf der Höhe sein müssen. Hier fünf einfache Übungen, die Sie bitte ab jetzt richtig ausführen.

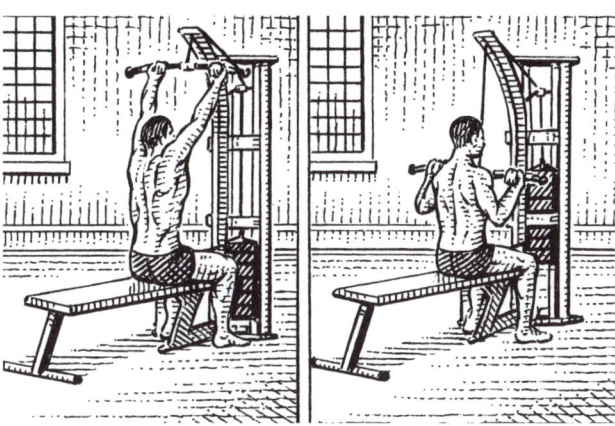

1: ARMBEUGEN

Der Fehler: die Übung an sich
Machen Sie stattdessen Latzüge mit Untergriff. Diese beanspruchen sowohl den Bizeps als auch viele andere Muskeln stärker. Packen Sie die Stange in bequemer, aufrechter Haltung, ohne die Schultern hochzuziehen – halten Sie die Schulterblätter unten und schieben Sie sie nach außen. Beim Ziehen der Stange zur Brust dürfen die Ellbogen etwas nach hinten abstehen. Beenden Sie die Übung, indem Sie die Arme langsam ganz strecken und loslassen, wieder ohne die Schulter anzuheben. Sehr wichtig: die Stange nie hinterm Kopf herunterziehen.

2: LANGHANTELRUDERN

Der Fehler: ein Übergriff

„Ich greife so, dass die Daumen nach außen zeigen, wobei der große und die mittleren Rückenmuskeln sowie der Bizeps beansprucht werden." Mit einer so umfassenden Übung sparen Sie mindestens 15 Minuten Zeit im Fitnessstudio. Lassen Sie zudem die Arme nicht hängen, spannen Sie die Schultern an und heben Sie die Stange nicht zur Brust. „Sonst wirkt die Übung nur auf den oberen Rücken, also Schultern spreizen und mit der Stange den Bauch berühren."

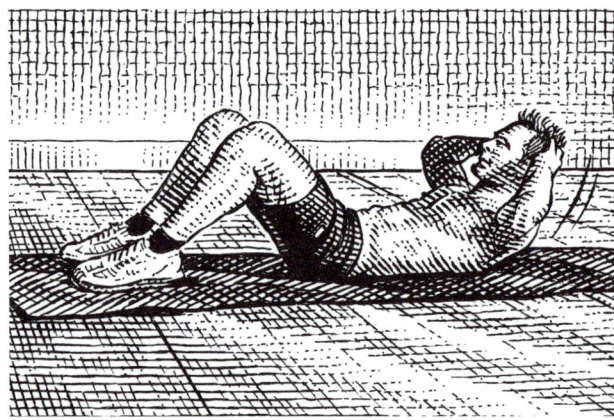

3: RUMPFBEUGEN

Der Fehler: sich ganz aufrichten

„Viele machen Rumpfbeugen, bloß falsch." Wenn man sich dabei ganz aufrichtet, kontrahieren die Bauchmuskeln nur zur Hälfte. Ideale Sit-ups beanspruchen die Bauchmuskeln isoliert. „Hände zum Abstützen hinter den Kopf, Kinn leicht nach unten, Ellbogen bis zum Rand des Blickfelds gespreizt." Ziehen Sie die Schultern nicht an, atmen Sie ein und beim Vorwärtsbeugen aus, während Sie auf Ihren Bauchnabel schauen. Dann lehnen Sie sich langsam wieder zurück.

4: KNIEBEUGEN MIT LANGHANTEL

Der Fehler: sich nach vorn beugen
Neigen Sie Kopf und Schultern nach vorn, heben Sie mit den unteren Rückenmuskeln. „Das ist für so viele Leute sehr, sehr typisch." Die Abbildung zeigt den korrekten Ablauf. Schieben Sie Ihr Becken zurück, wenn Sie in die Knie gehen. „Am besten so weit, dass die Oberschenkel praktisch parallel zum Boden sind, doch geben Sie die neutrale Rückenhaltung nicht auf." Die Oberschenkel sollten mit den Füßen eine Linie bilden und die Knie nicht über die Zehen ragen.

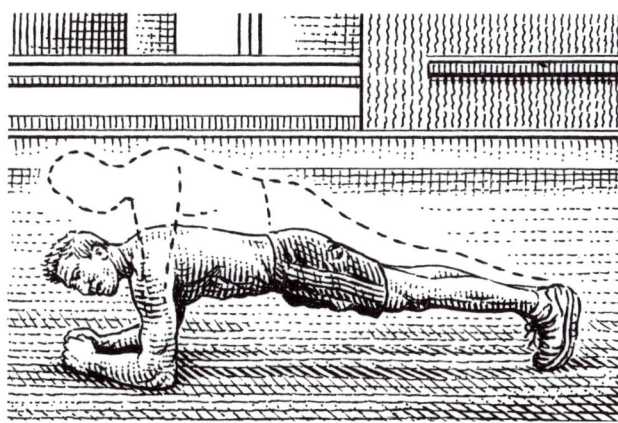

5: PLANKS

Der Fehler: eine falsche Zielsetzung.
„Manche behaupten, für die korrekte Haltung bei Planks müssten sich Ohren, Schultern, Becken und Fersen auf einer Höhe befinden. Dafür bräuchte man aber ziemlich lange Füße, nicht wahr? Darum schließe ich die Fersen diesbezüglich aus." Haben Sie diese Haltung angenommen, könnten Sie einfach so stillhalten – aber das wäre öde. Abwechslungsreicher wird's, wenn man mit den Zehenspitzen austritt oder Planks mit Liegestützen abwechselt (*siehe* Bild). „Ich würde das etwa 6 Minuten lang durchziehen." Wer da nicht ins Schwitzen kommt …

AUFSCHLAG-KILLER BEIM SQUASH WERDEN

» Dass Gegner einem Aufschlag beim Squash nichts entgegenzusetzen haben, kommt selten vor. Darum fühlt man sich leicht verleitet, seine Wichtigkeit zu unterschätzen und ihn einfach als Beginn eines Ballwechsels aufzufassen. Begehen Sie diesen Irrtum nicht, mahnt Nick Matthew. „Aufschläge sind von großer Bedeutung." Er gehört zu den besten Squash-Spielern, die das Vereinigte Königreich je hervorgebracht hat. Als erster Engländer gewann er die British Open dreimal, und außer ihm haben nur 5 andere 3 Weltmeistertitel erlangt. Den Aufschlag begreift er als die beste Gelegenheit, um sich einen Vorteil zu verschaffen.

„Er ist der einzige Moment des Spiels, in dem man das Tempo beeinflussen und sich mental vorbereiten kann – auch darauf, die T-Position einzunehmen." Damit meint Matthew die Stelle in der Feldmitte, wo die Linien zusammenlaufen; wer dort steht, gibt im Allgemeinen den Ton an. „Also will man den Gegner mit dem Aufschlag zurückdrängen – ihm das Kontern erschweren, damit er nicht angreifen kann – und den weiteren Verlauf des Ballwechsels bestimmen." Dabei helfen unterschiedliche Aufschlagvarianten, die den Rivalen überraschen: Beim Smash beispielsweise wird der Ball knapp über der Aufschlaglinie gegen die Wand geschmettert, und beim Body Serve prallt er direkt auf den Gegner. Die Wunderwaffe unter den Aufschlägen ist allerdings der Lob. „Er ist am schwierigsten zu kontern", so Matthew, „aber auch der riskanteste überhaupt." Aus der Sicht eines Rechtshänders auf der rechten Seite des Feldes wird er folgendermaßen ausgeführt...

1: AUFSTELLEN

Treten Sie mit dem hinteren Fuß ins Auf-
schlagfeld, indem Sie Ihr Gewicht auf dieses
Bein verlagern und sich in einem Winkel von
45 Grad zur Seitenwand ausrichten. „Achten
Sie darauf, den Schläger entspannt zu halten", betont Matthew. „Punktgenaues Spiel
hängt davon ab, wie man ihn mit den Fingern
führt – wie beim Dart, wo nicht aus der Faust,
sondern mit den Fingern geworfen wird."

2: HÖHER WERFEN

Da Sie den Ball mit offenem Schlägerkopf von
unten schlagen werden, müssen Sie ihn dementsprechend werfen. „Sie möchten ja unter
den Ball gelangen, aber Brusthöhe genügt,
werfen Sie ihn nicht viel höher."

3: WINKELZÜGE

Zielen Sie ungefähr eine halbe Schlägerlänge
unter die obere Auslinie, damit der Ball die
linke Seitenwand hoch oben trifft. „Folgen
Sie der Flugbahn des Balls beim Durchziehen, praktisch wie bei einem Golfschlag.
Das macht den Schlag nicht nur präziser,
sondern verleiht Ihnen auch Schwung auf
die T-Position zu.

4: DAS TEMPO VORGEBEN

Sie sollten nur so viel Kraft beim Schlagen aufwenden, dass der Ball beim Abprallen von der Stirn- und den Seitenwänden schnell fällt. Dann ist der Gegner verunsichert: Soll er ihn direkt annehmen oder nicht? Im Idealfall kommt er am Boden auf, bevor er die Stirnwand trifft. „Ihr Gegner ist deshalb von Anfang an in der Defensive."

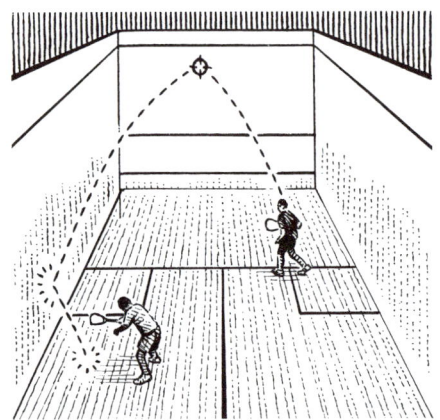

5: T-ZEIT

Rücken Sie sofort nach dem Aufschlag zur T-Position vor. In dem Moment schauen Sie möglicherweise unbewusst zur Stirnwand; das ist ein Fehler. „Sie sollten den Kopf drehen, um den Ball nicht eine Sekunde lang aus den Augen zu lassen." So bleiben Sie in der Lage, unverzüglich auf einen Konter zu reagieren … falls es überhaupt dazu kommt.

SCHNELLER SCHWIMMEN, LEICHTER KRAULEN

>> Mit 17 traf Steven Shaw eine schwierige Entscheidung. In den vorangegangenen Jahren war er ein besessener Schwimmer gewesen und zu Wettbewerben auf Landesebene angetreten, doch die Sportart frustrierte ihn zusehends. „Ich hatte das Gefühl, dabei auszubrennen, und war erschöpft", erinnert sich der Londoner. „Mir leuchtete nicht ein, warum sich meine Leistung nicht verbesserte, obwohl ich sehr hart trainierte." Da ihm Rücken und Hals zu schaffen machten, beschloss er, das Handtuch zu werfen.

An der Universität lernte er jedoch die Alexander-Technik. Diese geht auf den australischen Schauspieler Frederick Matthias Alexander zurück, der sie in den 1890er-Jahren entwickelte. Sie dient der Bewegungs- und Haltungsverbesserung im Alltag. Shaw begeisterte die Vorstellung, was dies für den Sport bedeutete. „Wenn man es schafft, Kopf und Hals besser mit dem Rücken in Einklang zu bringen", sagt er, „wird man bei allem, was man tut, deutlich leistungsfähiger." Er fragte sich, ob er so seinen Spaß am Schwimmen wiederfinden könne. Weil es kaum Untersuchungen dazu gab, wie sich die Technik im Wasser anwenden ließ, gliederte er jede Bewegung in ihre kleinsten Abschnitte auf und bewertete ihre Wirkung auf seinen Rücken, um sie entsprechend anzupassen. Die Ergebnisse führten mit der Zeit zu umwälzenden Veränderungen. „Meine Leistung nahm zu", erzählt er, „doch ich war längst nicht mehr so erschöpft." Und so entstand die Shaw-Methode.

Bis heute haben weltweit Tausende seine Schwimmtechnik gelernt. Zu den Kunden seines Unternehmens Art of Swimming zählen Schwimmprofis – derzeitige Olympioniken wie frühere Größen –, Politiker und Promis, er selbst genießt Kultstatus. Uns nannte er fünf Schritte, um schneller und unbeschwerter zu kraulen …

» 1: KEIN „WINDMÜHLENSCHWIMMEN"

Ziehen Sie die eine Hand erst zurück, wenn Sie die andere ins Wasser tauchen (zuerst die Fingerspitzen, wobei der Daumen nach unten zeigt). Falls Sie es schon machen, während die andere Hand noch nach hinten ausgestreckt ist, sind Sie Shaw zufolge „außerstande, Ihr gesamtes Körpergewicht auf den Zugarm zu verlagern".

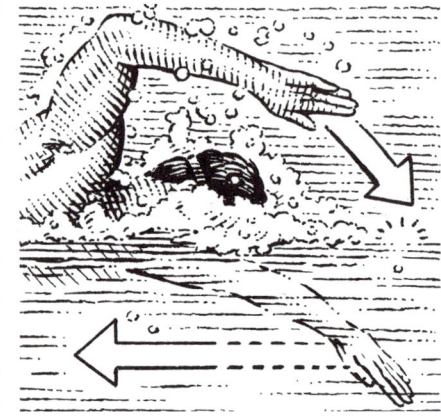

2: EFFIZIENZ IST ALLES

Benutzen Sie den gesamten Unterarm beim Zurückziehen wie ein Paddel. Währenddessen strecken Sie den vorderen Arm (den Richtungsarm; er ist das „Ruder") geradeaus und drehen Sie die Hand wie zum Händeschütteln. „Das Becken hebt sich dann automatisch auf der anderen Seite." Ihr Körper – der Kopf ausgenommen – sollte die Drehung mitvollziehen, sodass sich der Widerstand verringert.

3: KORREKT ATMEN

Halten Sie beim ersten Armzyklus die Luft an, während Sie den Blick senkrecht nach unten richten; beim zweiten schauen Sie ein wenig auf und atmen langsam aus; indem Sie beim dritten den Kopf mit dem Körper drehen, atmen Sie wieder ruhig ein. „Statt Luft zu ‚schnappen', lassen Sie sie wie *von selbst* einströmen. Das ist fast so, als ob sie Ihnen in der Bewegung eingehaucht würde."

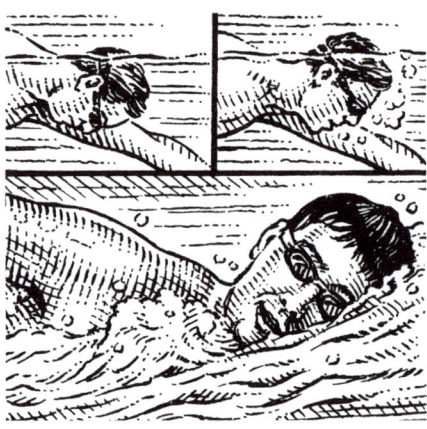

4: „TIEFGREIFENDE" ERKENNTNIS

Der Richtungsarm vorn sollte immerzu nach unten zeigen. Dadurch wird es einfacher, den hinteren Arm hochzuheben, wenn Sie ihn aus dem Wasser ziehen, und Sie haben mehr Zeit, um Luft zu holen. Um Kraft zu sparen, halten Sie den hinteren Arm beim Vorziehen und Wiedereintauchen locker. „Das ist keine Antriebsbewegung; falls Sie zu viel Energie dafür aufwenden, entsteht eine entgegengesetzte Triebkaft."

5: SYNCHRONISIEREN

Der Beinschlag erfolgt aus den Hüften. Wenden Sie nur zur Abwärtsbewegung Kraft auf und lassen Sie die Beine auftreiben. Pro Armzyklus sollten Sie zwei Beinschläge machen. „Sie dienen bei der Kraultechnik in erster Linie dazu, das Gleichgewicht, den Rhythmus und eine stabile Lage zu halten. Ein gängiger Fehler besteht darin, die Beine zu schnell zu bewegen – das ermüdet." Am Ende läuft alles auf ein einziges Motto hinaus: Relaxen!

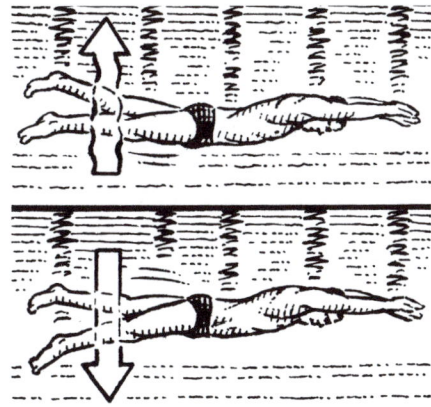

WIE MAN EINEN AMERICAN FOOTBALL WIRFT

» Auch wenn Sie sich nicht für American Football interessieren oder noch nie bewusst selbst gespielt haben, ergibt es sich vielleicht einmal, beispielsweise bei einer Gartenparty. Nicht mitzumachen, wäre unhöflich – und wenn Sie teilnehmen wollen, sollten Sie imstande sein, einen Pass zu werfen, der ankommt. „Der Ball ist so geformt, dass er er rotiert und erheblich leichter gefangen werden kann", erklärt Emmanuel Sanders, der 2016 den Super Bowl mit dem NFL-Team Denver Broncos gewann. Auf die folgende Weise verleihen Sie dem Ball seinen so wichtigen Dreh ...

1: AN DEN SCHNÜREN HALTEN

Greifen Sie den Ball am hinteren Ende. Im Allgemeinen sollten Ringfinger und kleiner Finger auf der Schnürung liegen. „Tun Sie das nicht, steht die Chance schlecht, dass der Ball in einer Spiralbewegung fliegt", sagt Sanders. Der Daumen bildet idealerweise ein L mit dem Zeigefinger, der seinerseits auf der Naht liegen sollte.

2: AUSHOLEN

Stellen Sie sich rechtwinklig zu Ihrem Ziel auf und heben Sie den Ball auf Kopfhöhe, indem Sie die freie Hand benutzen, um im Gleichgewicht zu bleiben. Wenn man dann zum Wurf ausholt, winkelt man den Arm rechtwinklig nach hinten an.

3: LEICHTFÜSSIG BLEIBEN

Statt wie angewurzelt dazustehen, bleiben Sie locker mit dem Gewicht auf Ihren Zehen in Bewegung. Ihr Schwerpunkt sollte zunächst auf dem hinteren Bein liegen, ehe Sie werfen und gleichzeitig mit dem vorderen einen Schritt nach vorn machen, um dem Ball zusätzlichen Schwung zu verleihen.

4: AB WIE EINE RAKETE…

Wenn Sie den Arm dann kraftvoll nach vorn schnellen lassen, neigen Sie den Körper dem Ziel zu und lassen den Ball am Scheitelpunkt der Armbewegung los. Legen Sie sich richtig hinein, indem Sie mit dem hinteren Fuß nachrücken und ihn neben den vorderen stellen.

5: … ABER MIT SPIN

„Im selben Moment, da Sie den Football loslassen, muss er von den Fingerspitzen abrollen." Als Letztes sollte ihn noch der Zeigefinger berühren. Physiker würden das, was Sie dem Ball dabei geben, „Drehimpuls" nennen. Dadurch wird der Pass länger und zielgenauer.

APNOE-TAUCHEN WIE EIN WASSER-MANN

>> Manche behaupten, der Mensch sei von Natur aus Taucher. Wir verfügen wie Wassersäugetiere über einen „Tauchreflex": Beim Eintritt des Körpers in Wasser strömt vermehrt Blut in die lebenswichtigen Organe, der Puls wird flacher, und die Milz kontrahiert, um sauerstoffreiche Blutzellen auszustoßen. Davon abgesehen erkunden wir die Tiefsee schon seit Jahrtausenden. Plato etwa schrieb, dass die alten Griechen Naturschwämme benutzten, die sie in 30 m Tiefe fanden. Als Freizeitbeschäftigung etablierte sich Apnoetauchen – das heißt: Freitauchen ohne Atemgeräte – aber erst im 20. Jahrhundert, dank der Erfindung von Masken und Schwimmflossen. Herbert Nitsch ist ein Meister auf diesem Feld. Der „Deepest Man on Earth" hält mit einem Abstieg auf 253 m Tiefe den Weltrekord – und ist der einzige Apnoetaucher mit Weltrekorden in allen 8 Disziplinen der Sportart.

Deren Reiz reicht für ihn über Wettkämpfe hinaus. „Anfangs tauchte ich mit Gerät, erkannte dann aber, dass ich lieber freitauche", sagt er. Das lag darin begründet, dass er so eine größere Vielfalt des Meereslebens sehen konnte. „Beim Tauchen mit Hilfsmitteln stößt man nur auf Tiere, die sich nicht vor Geräuschen fürchten – Atemgeräte blubbern extrem laut. Außerdem kann man sich beim Freitauchen viel leichter in alle Richtungen bewegen, was wir Landbewohner nicht gewohnt sind." Was hat Nitsch anderen Apnoetauchern voraus? „Am wichtigsten ist die innere Einstellung, aber körperliche Aspekte spielen auch eine große Rolle. Man muss verstehen, wie der Körper funktioniert, um nach Möglichkeit auf ihn einzuwirken." Hier nun Nitschs Anfängertipps. Naturgemäß ist Apnoetauchen gefährlich, also versuchen Sie es nur auf eigenes Risiko, wenn es ein professioneller Lehrer erlaubt und Sie dabei beaufsichtigt ...

1: TROCKENÜBUNGEN ZUM LUFTANHALTEN

Entspannen Sie sich, stoßen Sie die gesamte Luft in Ihrer Lunge aus und setzen Sie das Atmen etwa 30 Sekunden aus. Nachdem Sie genauso lang normal Luft geholt haben, wiederholen Sie den Vorgang, bloß ein wenig länger. Fahren Sie ungefähr eine Stunde damit fort. „Wenn Sie das vor einem Tauchurlaub im Lauf einer Woche jeden Tag tun, dürfen Sie davon ausgehen, dass Sie die Luft doppelt so lang anhalten können wie vorher."

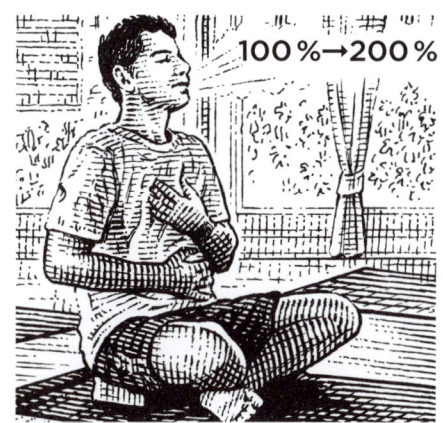

2: BLEIBEN SIE GUT IN FORM

Das Zwerchfell und die Lunge müssen unbedingt dehnbar bleiben, um das maximale und minimale Atemvolumen zu steigern bzw. zu verringern. Dazu gibt es eine gute Übung, bei der man ausatmet und das Zwerchfell gleichzeitig mehrmals mit den Brustmuskeln auf und ab bewegt. Wenn der Atemreiz zunimmt, schnappen Sie kurz Luft und machen Sie weiter, bis Sie nicht mehr können und durchatmen müssen.

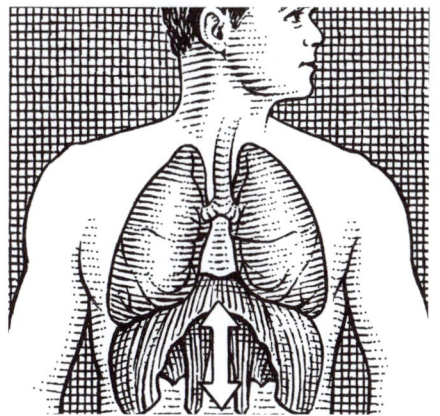

3: TAUCHGESELLSCHAFT

Man taucht niemals allein. Die meisten Blackouts geschehen an der Wasseroberfläche, und wer tiefer als 60 m taucht, riskiert eine Stickstoffnarkose, die ähnliche Symptome mit sich bringt wie Trunkenheit. „Um sich daran zu gewöhnen, rate ich zu ‚Tiefenrausch-Training' an Land. Diese sehr unterhaltsame Übung beruht darauf, dass man sich ordentlich betrinkt und dann versucht, Geschicklichkeitsübungen zu machen."

» 4: TIEF LUFT HOLEN, TIEF TAUCHEN

Nitsch holt 5 bis 10 Minuten vor einem Tauchgang bewusst in tiefen, langen Zügen Luft, was zum Hyperventilieren führt. „Für die meisten Freitaucher ist Hyperventilation tabu, aber ich bin fest von ihrer Notwendigkeit überzeugt." Kohlendioxid löst den Atemreiz aus, doch beim Hyperventilieren sinkt der CO_2-Gehalt im Blut, weshalb Sie es länger unter Wasser aushalten.

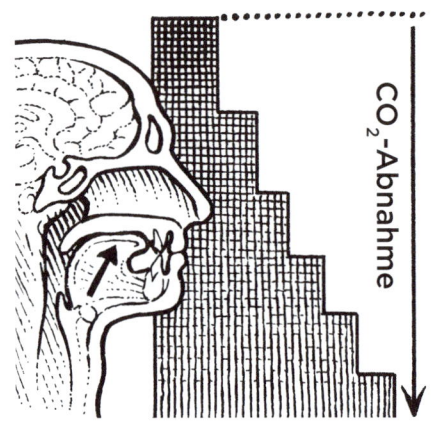

CO_2-Abnahme

5: ZEIT ZUM AUSPROBIEREN

Während des Tauchgangs werden Sie mit dem Scherenschlag schneller, wenn Sie Flossen tragen und die Beine sowohl aus den Beckengelenken als auch den Knien heraus bewegen. „Um möglichst tief und lange zu tauchen, müssen Sie Ihren Sauerstoffverbrauch minimieren, indem Sie geistig ruhig bleiben und Bewegungen auf ein Mindestmaß einschränken – andernfalls steigen Adrenalinspiegel und Puls."

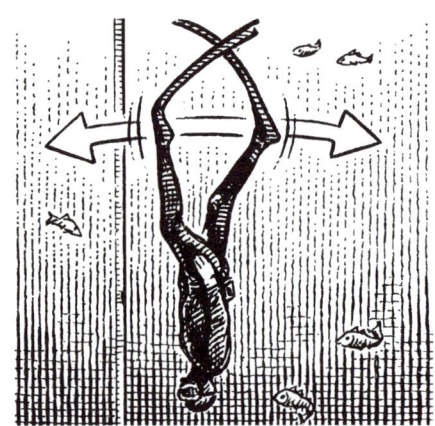

IM CASINO (UND ANDERSWO) ABSAHNEN

>> Wilson Mizner sagte einst, Glücksspiel sei eine sichere Methode, um „nichts für etwas zu erhalten". Dennoch haben sich Mathematiker lange den Kopf darüber zerbrochen, wie man das Gegenteil beweisen und Fortuna eine lange Nase drehen kann – mit überraschendem Erfolg. Ihre Techniken beruhen teilweise auf traditioneller Problemlösung, doch einige sind im Zuge jüngster Durchbrüche in Maschinellem Lernen und der Künstlichen Intelligenz entstanden. Dabei stellte sich heraus, dass scheinbar nicht nachvollziehbare Vorgänge eine Vielzahl von Mustern aufweisen. Fußball etwa. „Trotz der Fülle chaotischer, komplizierter Einzelhandlungen lassen sich recht konkrete Vorhersagen treffen", behauptet Adam Kucharski, dessen Buch *The Perfect Bet* (2016) veranschaulicht, wie kluge Zocker Spielbanken schröpfen. Hier erteilt er Rat zu 5 Glücksspielarten ...

1: HEADS-UP LIMIT HOLD 'EM POKER SPIELEN WIE EIN ROBOTER

2015 stellte die Universität Alberta das Programm Cepheus vor, das beim Heads-up Limit Hold'em unschlagbar ist. Sein Verhalten bestätigt, dass der Dealer einen Vorteil hat und man beim ersten Zug erhöhen oder passen soll, statt nur den Mindesteinsatz zu zahlen. Andererseits widerlegt er die Theorie, eine scheinbar unbrauchbare Hand müsse man gar nicht erst ausspielen, obwohl man mit 2 Assen nicht unbedingt den Höchsteinsatz zahlen sollte. „Beim Pokern kommt es darauf an, dem Gegner Entscheidungen so schwer wie möglich zu machen", bemerkt Kucharski.

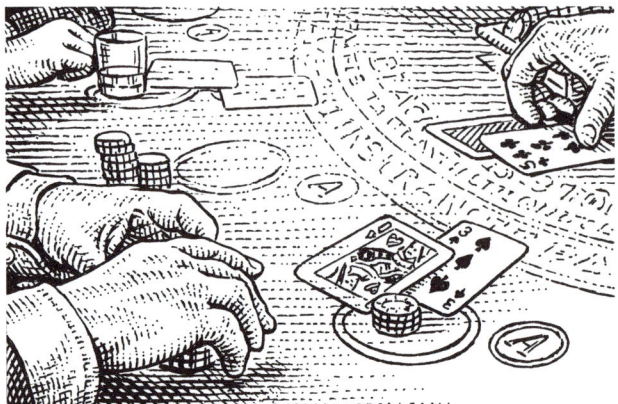

2: BLACKJACK IST MEHR ALS KARTENZÄHLEN

Nur wenige Blackjack-Spieler treffen Entscheidungen anhand der Karte, die der Dealer aufdeckt – sollten Sie aber. In Casinos bekommt er nämlich oft vorgeschrieben, so lange Karten zu ziehen, bis ihr Wert 16 übersteigt, und die meisten Karten in einem Satz haben einen höheren Wert als 10. „Deckt er also einen sehr niedrigen Wert auf, muss er aufgrund der Vorschrift sehr wahrscheinlich zu viele Karten ziehen und verliert. Auch wenn Sie also 12 oder 13 auf der Hand haben – zeigt der Dealer eine 5, bleiben Sie stehen."

3: DIE GOLDENE MINUTE IM FUSSBALL AUSNUTZEN

Fußball läuft nach eindeutigen Mustern ab. Einschneidende Entwicklungen verunsichern die Wettbörsen für je ca. eine Minute. Nutzen Sie dies, indem Sie im Verhältnis zum voraussichtlichen Ausgang niedrige Quoten suchen. Eine irrige Meinung besagt etwa, Mannschaften würden sich nach erzieltem Tor besonders leicht einen Treffer einhandeln – Statistiken beweisen das Gegenteil, und auch Platzverweise sind weniger dramatisch als gedacht. Noch ein Rat zu Ergebniswetten: An einem null zu null nach 80 Minuten ändert sich meistens nichts mehr.

4: SPIEL, SATZ... ARBITRAGE

Wettprofis wissen, was Arbitrage bedeutet. „Es geht um eine Sache, die zu einem jeweils anderen Preis an zwei verschiedenen Orten angeboten wird. Man kauft die günstigere und verkauft sie an dem Ort, wo sie teurer ist." Im Tennis könnten Sie per Internet Wettbüros suchen, die ein gutes Angebot für jeweils einen der Spieler machen. Dann ist egal, wer gewinnt, denn das eine Büro, bei dem Sie eine ordentliche Quote für den Sieger hatten, wiegt Ihren Verlust bei dem anderen auf, und umgekehrt.

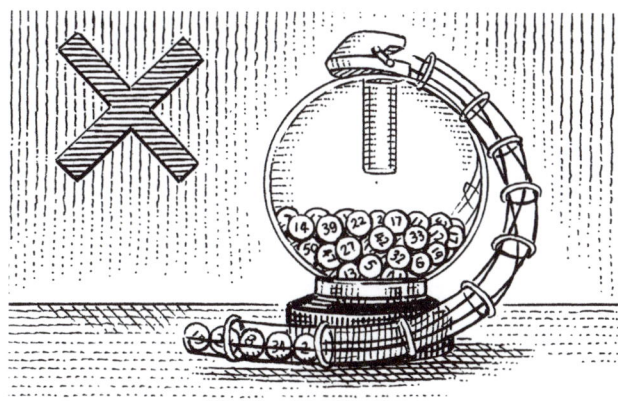

5: NIE LOTTO SPIELEN

Mit der sogenannten Kelly-Formel lässt sich bestimmen, wie viel Geld man bei Spielwetten einsetzen sollte. Sie besagt, man dürfe nur einen bestimmten Kapitalanteil riskieren, den erwarteten Ertrag geteilt durch den höchstmöglichen Gewinn. In Bezug aufs Lottospiel legt die Formel nahe, es lohne sich nur mit sehr hohem Kapital. „Selbst als Milliardär sollte man gemäß der Formel selbst bei mehrwöchiger Laufzeit nur ein paar Dutzend Lottoscheine kaufen." Mit anderen Worten: Am besten lassen Sie es ganz bleiben.

STRIKES IN SERIE BEIM BOWLING

>> Gut bowlen können viele, großartig sind aber nur wenige Spieler. „Typische Anfänger werfen möglicherweise einfach drauflos und erzielen bei 10 Versuchen im Schnitt einen Strike", schätzt Walter Ray Williams jr. „Bei Profis dürfte die Wahrscheinlichkeit für einen Strike bei 60, höchstens 70 Prozent liegen." Williams spricht aus Erfahrung. Der in Kalifornien geborene Profi wurde seit Beginn seiner Karriere 1980 von der Professional Bowlers Association (PBA) siebenmal zum Spieler des Jahres ernannt und führt die Liste der Teilnehmer an der PBA Tour mit den meisten Titeln an. Sein Spitzname „Deadeye" bezieht sich auf seine Treffsicherheit.

Williams' erster Rat lautet: Wählen Sie eine Kugel mit für Sie angemessenem Gewicht. Viele Amateure greifen zu einer schweren, obwohl eine leichtere den Spin vereinfachen kann. Bereit? Dann ab auf die Bahn ...

1: GREIFEN, ABER WIE?

Stecken Sie den Mittel- und Ringfinger sowie den Daumen in die Kugel, Letzteren ganz. Bei den beiden anderen Fingern steht es Ihnen frei. „Anfänger stecken sie meistens bis zum mittleren Gelenk hinein – das entspricht dem konventionellen Griff", erläutert Williams. „Mit dem Fingerspitzengriff – also wenn Sie nur das obere Gelenk hineinstecken – können Sie der Kugel aber einen stärkeren Drall verleihen. So gut wie alle Profis greifen ihre Kugel in der Regel nur mit den Fingerspitzen."

2: GASSENHAUER

Die Pfeile vorn auf der Bahn sind Zielhilfen. Bowlingbahnen werden mit einem Ölfilm überzogen, und unter gewöhnlichen Bedingungen, wenn er gleichmäßig aufgetragen wurde, ist man gut beraten, sich beim Werfen an dem abgebildeten Pfeil zu orientieren.

Ziel ist es, die sogenannte Gasse zwischen dem Kegel an der Spitze des Dreiecks und demjenigen zu treffen, der schräg rechts dahinter steht. Linkshänder übertragen diese und alle weiteren Angaben bitte entsprechend auf die Gegenseite.

3: STELLEN SIE SICH IHREN WURF BILDLICH VOR

Planen Sie 4 Schritte für den Anlauf zur Foullinie ein. Die Punkte gleich dahinter helfen Ihnen bei der Orientierung. Auf einer gleichmäßig geölten Bahn sollte man vom ersten Punkt rechts der Mitte aus werfen. Die Oberflächenbeschaffenheit verändert sich allerdings, je mehr Kugeln über die Bahn

rollen. Sie werden deshalb feststellen, dass sich ihr Laufverhalten ändert, und müssen Ihre Position demgemäß angleichen.

4: SCHWINGEN!

Laufen Sie mit rechts an, indem Sie die Kugel auf die Kegel richten, bevor Sie den Arm hängen lassen. Beim zweiten Schritt sollte sie an Ihren Beinen vorbei schwingen, beim dritten den höchsten Rückschwungpunkt erreichen. Lassen Sie sich die Pendelbewegung gefallen, während die Kugel wieder nach vorn schwingt. „Nicht dagegen wehren, dass sie den Arm mitzieht." Beim letzten Schritt rutschen Sie und „beugen das Knie so, dass es mit Fußspitze und Kinn eine gerade Linie ergibt."

5: ROLLEN LASSEN

Werfen Sie die Kugel am tiefsten Schwungpunkt aus dem Handgelenk, indem Sie zuerst den Daumen aushaken. „Dadurch, dass die Hand weiter schwingt, wenn sich die Finger lösen, entsteht Rotation." Diese Bewegung gegen den Uhrzeigersinn (bei Linkshändern mit ihm) sollte aus dem Handgelenk kommen, nicht aus dem Arm, und ziehen Sie sie ganz durch. Schauen Sie zu, wie die Kegel fallen; Siegesgesten wie in *Big Lebowski* sind optional.

STRESS-ABBAU MIT ACHTSAM-KEITS-MEDITATION

» Achtsamkeitsmeditation geht zwar auf den Buddhismus zurück, doch ihre Wirkung ist keine Glaubensfrage. Forscher haben mittels MRT-Scans belegt, dass Meditierende ihr Gehirn umprogrammieren, um Stress oder Ängste zu lindern. Achtsamkeit ist laut Jon Kabat-Zinn, dem man ihre Verbreitung im Westen zuschreibt, „Aufmerksamkeit, die entsteht, wenn man sich im gegenwärtigen Moment unvoreingenommen auf einen Zweck konzentriert". Er fördert sie, seitdem er 1979 das Programm Mindfulness-Based Stress Reduction (MBSR) an der Universität von Massachusetts ins Leben rief. In den folgenden Jahrzehnten haben sich Kabat-Zinns Theorien zusehends im Mainstream etabliert. „Der Begriff ist plötzlich in aller Munde", sagt er, „weil sich wissenschaftlich unheimlich viel im Bereich Achtsamkeit getan hat." Ein kurzer Anfängerkurs …

1: KLINKEN SIE SICH AUS

Ziehen Sie sich bequem an und an einen ruhigen Ort zurück, wo niemand Sie stört. „Am wichtigsten ist, sich in einer Umgebung wohlzufühlen. Dazu genügt ein Lieblingsstuhl – wobei einer mit gerader Rückenlehne besser ist als eine weiche Couch oder ein Sessel – oder ein Meditationskissen am Boden." 15 Minuten Meditieren sind ein guter Anfang. „Ein Wecker ist okay, aber falls er tickt, macht Sie das verrückt. Ich lege einfach meine Armbanduhr vor mich und schaue darauf."

2: SITZEN SIE BEQUEM?

Falls Sie auf einem Stuhl sitzen, stellen Sie beide Füße auf den Boden; sitzen Sie auf dem Boden, verwenden Sie ein Kissen, das allerdings fester sein sollte. Ihre Haltung muss „Erhabenheit und Wachsamkeit ausstrahlen, was von Mensch zu Mensch etwas anderes bedeuten kann. Dadurch werden Sie deutlich selbstsicherer, denn die Haltung suggeriert, dass Sie Würde haben, die Ihnen nicht genommen werden kann. Also kehren Sie sie durch ein gerades Rückgrat hervor."

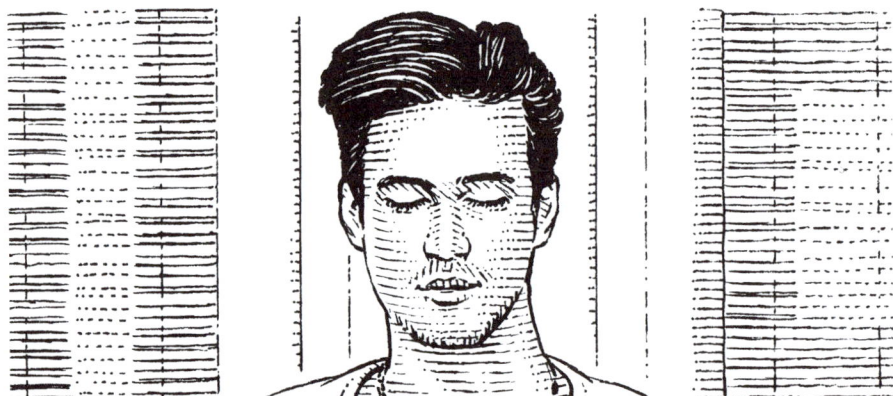

3: DEN KOPF FREIBEKOMMEN

Schließen Sie die Augen oder fokussieren Sie einen Punkt in mittlerer Entfernung. Stellen Sie die Gedanken ab, auch wenn das leichter gesagt als getan ist. „Ich weiß keinen besseren Rat, als darauf zu vertrauen, dass es von selbst geschieht. Wenn man eine Flasche Saft mit Fruchtfleisch schüttelt, wirbelt man es auf, doch stellt man sie wieder hin, sinkt es schließlich wieder auf den Boden." Und falls es nicht klappt? „Nichts erzwingen. Nehmen Sie unangenehme Gedanken einfach als solche wahr. Es kommt darauf an, sich ihrer bewusst zu sein, genau das lehrt uns Achtsamkeit."

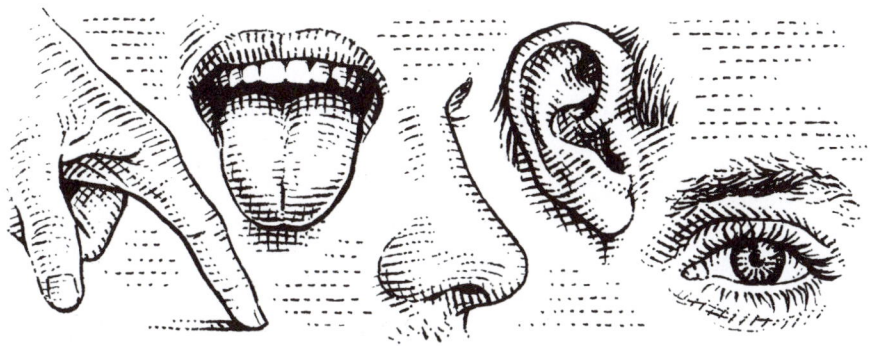

4: DIE EIGENTLICHE ACHTSAMKEIT

Hypersensibilisieren Sie alle 5 Sinne. Schärfen Sie Ihr Körpergefühl bis in die Finger und Zehen. Vollziehen Sie mit, wie die Luft beim Atmen ein- und ausströmt, achten Sie sogar auf die Pausen zwischen den Zügen. „Zu Anfang lässt man sich dabei schnell ablenken – schlagartig verfällt man irgendwelchen Fantasien und bemerkt 10 Minuten später, dass man eigentlich meditieren wollte. Um achtsam zu bleiben, empfiehlt sich die Konzentration auf eine Sache: die Atmung."

5: DURCHHALTEN, NICHT ABSCHWEIFEN

Falls Sie die Konzentration verlieren, ist das nicht schlimm. Es geschieht unweigerlich. „Nehmen Sie jedes Mal zur Kenntnis, was Sie ablenkt – vielleicht stellen Sie sich einen Streit mit Ihrem Vorgesetzten vor – und richten Sie die Gedanken schlicht zurück auf den Bauch bzw. die Atmung. Tun Sie das immer wieder, wenn es sein muss, und machen Sie sich deswegen keine Vorwürfe."

5:

UNTER-WEGS

Vor einigen Jahren zeigte mir der stellvertretende *GQ*-Herausgeber Bill Prince, wie man einen Anzug zusammenlegt, damit er in einem Koffer nicht zerknittert. Nachdem ich mir die erforderlichen Kniffe angeeignet hatte, setzte ich sie so oft ein, dass ich meine Anzugreisetasche bald gar nicht mehr brauchte. In diesem Kapitel finden Sie jene Methode neben zahlreichen Ratschlägen von redaktionsexternen Fachleuten und einer Reihe weiterer Tipps für bequemeres Reisen, die *GQ*-Redakteure wertschätzen. Die Empfehlungen zum Schlafen während Nachtflügen oder Aufwerten von Hotelaufenthalten beispielsweise wurden über mehrere Schreibergenerationen weitergereicht – nun, bis zu Ihnen …

SCHÖNER WOHNEN IN HOTELS

» Denken Sie immer daran: Hotels gerieren sich zwar als Dienstleister, arbeiten aber im Grunde auch nur gewinnorientiert. Falls das Personal glaubt, mit minimalem Aufwand davonzukommen, selbst wenn das Mindestmaß immer noch äußerst luxuriös ist, oder Ihnen Zusatzgebühren anrechnen zu können – egal wie hoch –, wird es nicht mit der Wimper zucken, dies auch zu tun. Das ist nicht persönlich gemeint, sondern geschieht im Sinne des Geschäfts. Buchen Sie Hotels also nicht anders als Flüge: Verlangen Sie das Optimum für Ihr Geld – und hüten Sie sich vor den Tricks der Branche ...

1: TREUE WIRD BELOHNT

Hotels legen Wert auf wiederkehrende Gäste. Folglich werden Sie besser behandelt, wenn Sie in einem Haus einkehren, wo man Sie bereits kennt. Mithin liegt es nahe, an Treue-programmen teilzunehmen; und buchen Sie am besten direkt – nicht zuletzt deshalb, weil die Betreiber Gästen wohlgesonnen sind, deretwegen sie keine Vermittlungsgebühren an Dritte zahlen müssen.

2: BUCHEN SIE DAS ZIMMER, NICHT DAS HOTEL

Falls Sie auf ein Upgrade hoffen, buchen Sie mindestens ein mittelpreisiges Zimmer. Erkundigen Sie sich über seine genaue Ausstattung und Lage im Gebäude. Feilschen erlaubt – es gibt immer Sondertarife, vor allem für Geschäftsreisende, Stammgäste oder solche, die länger bleiben.

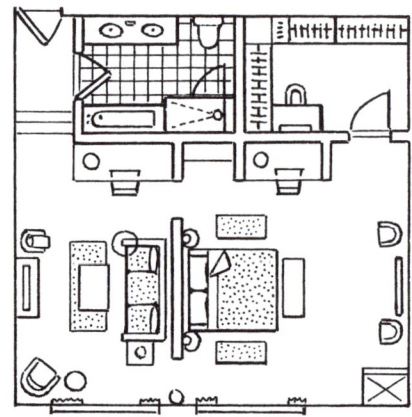

3: DER RICHTIGE TON BEIM EINCHECKEN

Handelt es sich um eine Dienstreise, teilen Sie an der Rezeption mit, dass das Hotel Ihr vorübergehendes Büro sein wird, wo Sie Meetings und Geschäftsessen ausrichten werden. Dann kümmert man sich sorgfältiger um Sie, weil Sie den Betrieb beleben. Sind Sie zu einem besonderen Anlass vor Ort, sollten Sie darüber genauso Bescheid geben. Lassen Sie letztlich auch Ihren Charme spielen, wenn Sie um eine Service-Aufstufung bitten. Das gelingt vermutlich eher, je später am Tag Sie einchecken.

4: VOR DEM AUSPACKEN ZIMMER ANSEHEN

Vergewissern Sie sich, dass es Ihren Erwartungen genau entspricht. Befindet es sich in der Nähe eines Fahrstuhls oder über dem Restaurant, bitten Sie um einen Wechsel. Es lohnt sich, auch auf kleine Unpässlichkeiten hinzuweisen: Womöglich bietet Ihnen das Personal zur Entschädigung ein Geschenk an, etwa einen Wellness-Aufenthalt im hauseigenen Spa.

5: FAUXPAS IM ZIMMER VERMEIDEN

Zwei Dinge lassen Ihre Hotelrechnung über alle vernünftigen Erwartungen hinaus in die Höhe schießen: das Telefon und die Minibar. Ersteres brauchen Sie im Zeitalter günstiger Mobilfunk-Roaming-Gebühren auf keinen Fall, und zweitere erübrigt sich ebenfalls, weil es immer irgendwo einen Supermarkt gibt – vor allem was das Mineralwasser betrifft.

BALANCE HALTEN AUF EINEM STEHENDEN FAHRRAD

» Das Gleichgewicht auf einem stehenden Fahrrad zu halten ("Track Stand" auf Englisch), ist bekanntlich schwierig. "Ich fahre Rad, seit ich 5 Jahre alt bin, und tue mich manchmal immer noch schwer damit", gesteht Chris Akrigg. "Wenn mir an einer Ampel der perfekte Track Stand gelingt, bin ich stolz darauf."

Und das sagt ausgerechnet er. Der Mann aus Yorkshire zählt zu den weltbesten Geländeradfahrern und ist sechsfacher Sieger der britischen Trial-Meisterschaften. Was ihn jedoch über die Szene hinaus berühmt gemacht hat, sind seine verblüffenden Fertigkeiten im Umgang mit dem Rad. Millionen haben sich online Videos seiner halsbrecherischen Abfahrten und Kunststücke angesehen.

Der Track Stand ist in Akriggs Sport sehr wichtig. "Praktisch alle Geschicklichkeitsübungen auf dem Rad beginnen damit. Vor allem beim Überwinden von Hindernissen kommt es darauf an, zu bremsen, zu balancieren und einzuschätzen, was dir bevorsteht." Die Technik als solche entwickelte sich wohlgemerkt ganz woanders als in freier Wildbahn, nämlich auf Radrennbahnen. Dort wandten Fahrer sie zum Balancieren hinter der Startlinie an, um beim Schuss schnellstmöglich wegzukommen. Straßenfahrer haben sie schließlich übernommen, weil man damit etwa bei roter Ampel stehen bleiben kann, ohne die Klickschuhe von den Pedalen zu lösen.

Am einfachsten gelingt der Track Stand auf einem Rad mit Starrlauf, das beim Rückwärtstreten auch rückwärts fährt – dies hilft Ihnen, den Schwerpunkt zu finden. Auf einem gewöhnlichen Modell (mit Freilauf), kann man nicht in die Gegenrichtung treten, was das Balancieren wesentlich kniffliger macht. Die folgende Anleitung gilt aber für Räder mit Freilauf...

1: DIE IDEALE STELLUNG FINDEN

Schalten Sie in einen mittleren Gang und bremsen Sie, bis Sie fast stehen. Halten Sie das Gleichgewicht und richten Sie die Füße entsprechend aus. „Die Tretkurbel sollte waagerecht stehen", erklärt Akrigg. „Am besten steht ihr stärkerer Fuß vorn – das ist derselbe, der auch vorn steht, wenn Sie bergab fahren, ohne zu treten."

2: BREMSEINSATZ

Wenn Sie sich vom Sattel lösen, verlagern Sie Ihr Gewicht ein wenig nach vorn. Es sollte größtenteils auf der Lenkstange liegen, sodass es sich auf den ganzen vorderen Teil des Rads überträgt. Ziehen Sie die Vorderbremse sachte, damit Sie beim Verlust des Gleichgewicht behutsam gegen den Widerstand antreten können, um es wiederzugewinnen.

3: NICHT UMKIPPEN

Drehen Sie das Vorderrad um 45 Grad nach links oder rechts. Dies vereinfacht Ihnen das Aufrichten. „Dann genügen geringfügige Anpassungen der Radstellung in beide Richtungen, um die Balance zu halten." Sobald Sie merken, dass Sie umkippen, reißen Sie die Lenkung in dieselbe Richtung herum.

›› 4: KÖRPERBEHERRSCHUNG

Wenn Sie sicherer werden, können Sie versuchen, das Vorderrad möglichst wenig zu bewegen, und sich stattdessen zu dieser oder jener Seite neigen, um das Gleichgewicht zu halten. Alternativ lässt sich ein Bein als Gegengewicht einsetzen. „Wenn Sie Klickschuhe tragen, bewegen Sie Ihr vorderes Knie hin und her, um stehen zu bleiben."

5: UND WENN ICH ZU WEIT VORGEROLLT BIN?

Am besten übt man den Track Stand an einer leichten Steigung (versuchen Sie, das Vorderrad in die Querneigung der Straße zu drehen), um zurückrollen zu können. Falls das nicht möglich ist – und Sie sich zu weit nach vorn bewegt haben – stellen Sie die Bremse fest und verlagern Sie das Gewicht ruckartig nach vorn, sodass das Hinterrad hochgeht. Während es wieder aufsetzt, lassen Sie die Bremse los, und Sie werden zurückrollen.

BEI REGEN FEUER MACHEN

>> Charles Darwin sah die Entdeckung des Feuers als größte Errungenschaft des Menschen an. Die Fähigkeit, Flammen zu entfachen und am Brennen zu halten, besitzen wir seit Jahrtausenden – und dennoch wird sie heute immer nebensächlicher. Das ist insofern bedauerlich, als unser Leben davon abhängen kann, falls wir einmal beim Wandern in der Wildnis stranden. Jason Ingamells, ein preisgekrönter Überlebensspezialist, der weithin in Afrika und der Arktis gearbeitet hat, gibt zu bedenken: „Sowohl Erwachsene als auch Kinder haben eine katastrophal schlechte Beziehung zur Natur." Deshalb gibt es in Großbritannien sein Unternehmen Woodland Ways, das Trainingsprogramme zum Überleben in freier Wildbahn anbietet. Wie man Feuer macht, steht im Zentrum seines Unterrichts ...

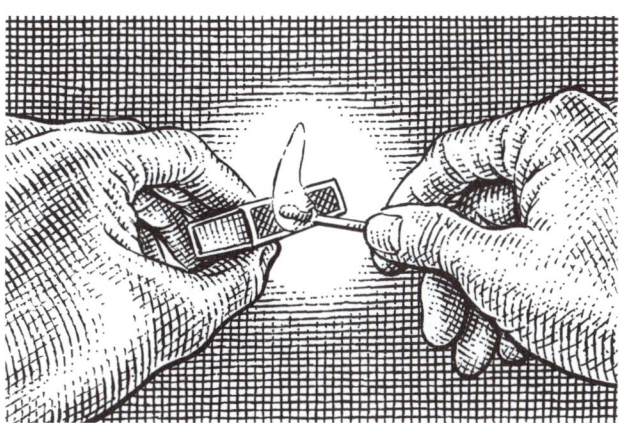

1: DAS RICHTIGE HANDWERKSZEUG

Sie könnten Feuerbohren mit Stöcken versuchen oder Steine gegeneinander schlagen, aber das ist schwierig und für Anfänger heikel. „Warum sollte man das tun, wenn man etwas mitnehmen kann, das eigens zum Feuermachen vorgesehen ist?", fragt Ingamells rhetorisch. Neben bewährten Anzündern wie Streichholz oder Feuerzeugen bieten sich Schlageisen oder Auermetall-Zündsteine an. Letztere erzeugen bis zu 3.000 °C heiße Funken, sind beständig und auch bei starkem Wind einsetzbar.

2: SAMMELN SIE DREI ARTEN VON HOLZ

Nach Zündholz sollten Sie sich als Erstes umsehen. Es ist so beschaffen, dass es binnen Sekunden brennt und ein Feuer entfacht. Birke eignet sich ebenso gut wie Späne von größeren Holzstücken. Zweitens benötigen Sie Kienspan – kleinere Stücke, um die größeren in Brand zu setzen. Sie können so dünn wie Streichholz, aber nicht dicker als ein kleiner Finger sein. Bleibt noch die dritte Zutat, der Hauptbrennstoff. Sammeln Sie so viel trockenes Holz wie möglich, bevor es regnet... Doch was, wenn es schon nass ist?

3: DAS HOLZ VORBEREITEN

Das Holz zum Anzünden und Schüren darf sich nicht weich anfühlen, wenn Sie es mit dem Daumen drücken. Möglicherweise müssen Sie das Brennholz spalten, um an trockenes Material zu gelangen. Halten Sie dazu ein Messer über die Querschnittsfläche und schlagen Sie wiederholt mit einem anderen Holzstück gegen den Griff. „Aufgrund der Vibration verlängert sich der Riss durch die Schwachstelle bis ganz nach unten." Machen Sie so weiter, bis der Riss knapp dicker als Ihr Handgelenk ist. Das Holz ist richtig trocken, falls es nicht kleben bleibt, wenn Sie es an die Unterlippe halten.

4: DAS FEUER AUFBAUEN

Geschützte Stellen finden sich in Laub- wie Nadelwäldern, aber scharren Sie jegliches Pflanzenmaterial beiseite, damit sich das Feuer nicht ausbreiten kann, und halten Sie Abstand von Bäumen. Graben Sie eine Mulde, in die ein Wok passen könnte. Legen Sie kleine Holzstücke darin aus, die alle in eine Richtung zeigen, dazu zwei Handvoll Kienspan. Diesen zünden Sie mit Ihrem Brennmittel an. Nun bauen Sie eine Pyramide: zuerst kleine Hölzchen, doch am Ende sollte sie etwa kniehoch sein.

5: SOBALD DAS KLEINHOLZ KNISTERT ...

Zeit zum Nachlegen. Wenn Sie bei der Pyramidenform bleiben, „wird das Feuer labil, weil es zusammenfällt." Ebnen Sie die Pyramide also lieber vorsichtig ein und legen Sie weitere Stücke flach auf – über Kreuz, falls das Feuer besonders hell sein soll, wobei es dann schneller abbrennt. Um den Prozess zu verlangsamen, müssen die Stücke alle in eine Richtung zeigen; dann bieten sie zugleich eine stabile Fläche, um Mahlzeiten zubereiten zu können. Brennt das Feuer richtig, stapeln Sie das übrige Holz auf der gegenüberliegenden Seite, damit die Wärme auf Sie zurückstrahlt.

KNITTER-FREIE ANZÜGE AUF REISEN

» Hin und wieder hat jeder von uns es schon mal gemacht, aber einen Anzug in einer Schutzhülle mit Reißverschluss mitzuschleppen ist ein absolutes No-Go. Das verbieten sowohl Geschmackssicherheit in Sachen Mode (im Ernst, finden *Sie*, dass das gut aussieht?) als auch Erfahrungswerte (die geschätzte Fracht zerknittert trotzdem) – vor allem aber ist es unhandliches Gepäckstück. Klar gibt es Koffer mit gesonderten Anzugfächern, doch nichts spricht dagegen, einen Anzug mit allem zusammenzupacken, was man sonst mitnimmt. Dazu ist nur ein wenig Geschick im Kleiderfalten erforderlich …

1: DAS JACKETT ZWECKENTFREMDEN

Nutzen Sie die Verstauungsmöglichkeiten des Jacketts auf Reisen, um Sakkotücher glatt zu halten (stecken Sie sie in die Brusttasche) oder Manschettenknöpfe zu schützen (stecken Sie sie in eine Seitentasche). Stülpen Sie dann die Schulterpartien über Ihre Hände und drücken Sie sie zum Falten des Jacketts zusammen.

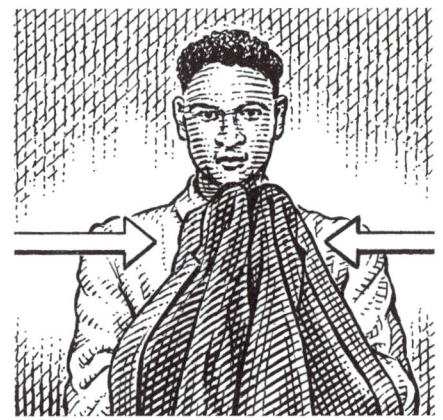

2: SCHULTERN INEINANDERSTECKEN

Ergreifen Sie mit der rechten Hand durch den Stoff den Rand des Armlochs der linken Schulter. Ihre linke Hand nehmen Sie, um das Jackett am Kragen hochzuhalten. Nun sind Ihre Arme verschränkt; ziehen Sie sie wieder vorsichtig auseinander, um die Innenseite des Jacketts nach außen zu kehren. Dann steckt eine Schulter in der anderen.

3: DER LETZTE HANDGRIFF

Nachdem Sie sich vergewissert haben, dass die Kragenseiten aufeinanderliegen, schieben Sie die Schultern in die entgegengesetzte Richtung darüber. Nun ist das Jackett genau gefaltet und bleibt in Form, weil es wie von selbst zusammengehalten wird. Zudem ist die Innenseite nach außen gekehrt, also nimmt höchstens das Futter Schaden, falls Ihr Gepäck in Mitleidenschaft gezogen wird. Nehmen Sie die linke Hand von den Aufschlägen und legen Sie das Jackett nieder.

4: NICHT MEHR FALTEN, SONDERN ROLLEN

Stopfen Sie die Schultern mit weichen Kleidungsstücken wie Unterwäsche oder zusammengerollten T-Shirts aus. Anschließend rollen Sie das Jackett sorgfältig von den Schultern aus zusammen. So können Sie es nicht nur platzsparend verstauen, sondern minimieren auch die Wahrscheinlichkeit, dass es zerknittert.

5: ACH JA – DIE HOSE

Legen Sie die Anzughose flach aufs Bett. Sollten Sie weitere mitnehmen, legen Sie sie jeweils in umgekehrter Richtung übereinander und – ganz wichtig – polstern sie mit einem oder zwei weichen Stücken, z. B. Pullovern. Falten Sie die Hosen von den Beinaufschlägen der untersten aus säuberlich zu einem Päckchen zusammen (zwei- bis dreimal genügt). Legen Sie es mit dem Jackett in einen Koffer. Und ab geht die Reise.

WÄHREND NACHTFLÜGEN GUT SCHLAFEN

>> Nachtflüge sind ein notwendiges Übel (oder schlicht ein Ärgernis, falls man in der zweiten Klasse reist). Fluggesellschaften können noch so viel investieren, damit Sie sich heimisch und nicht wie einer Ölsardine fühlen: Erholsamer Schlaf erscheint in einer stickigen, übervollen Kabine unmöglich. Nur regelmäßige Flieger schwören auf Einschlafrituale, die sie sich angeeignet haben. Als umherziehendes Völkchen fliegen die Mitarbeiter und Redakteure von *GQ* für Storys, Fotos und Modeschauen oft durch die Weltgeschichte. Hier unsere kollektiven Tipps aus mühsam gewonnener Erfahrung …

1: UNTER DRUCK

Wählen Sie bei der Buchung möglichst Flugzeuge mit erhöhtem Kabinenluftdruck wie die Boeing 787. Darin wird die sogenannte Kabinenhöhe künstlich herabgesetzt, sodass sich Ihr Blut mit Sauerstoff anreichert und Sie sich wohler fühlen. Fliegen Sie Economy, versuchen Sie, einen Platz am Notausgang zu reservieren – das ist vielleicht etwas teurer, doch die zusätzliche Beinfreiheit lohnt sich.

2: NACH VIEL BEWEGUNG RUHT SICH'S LEICHTER

Mag sein, dass Sie die letzten Stunden einer Geschäftsreise freihaben, doch lassen Sie sich nicht verleiten, sie am Hotelpool zu verbringen. Besser machen Sie sich mit einem vollen Terminplan am Tag vor der Abreise müde. Bevor Sie an Bord gehen, nehmen Sie etwas Leichtes zu sich, um nicht auf das Essen während des Flugs angewiesen zu sein.

3: RICHTSCHNUR UHR

Wenn Sie Ihren Platz eingenommen haben, stellen Sie Ihre Armbanduhr auf die Zeitzone Ihres Landeorts ein. Das hilft dabei, sich einen Schlafplan zurechtzulegen und sich mental darauf einzustellen, dass man sich ausruhen muss.

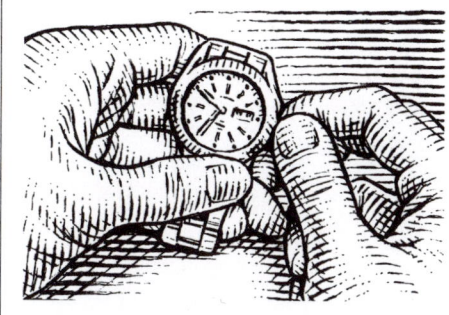

4: INSGEHEIME HELFERLEIN

Meiden Sie Bildschirme – deren Licht hält nämlich wach. Lesen Sie stattdessen ein Buch oder trinken Sie zwei Gläser Rotwein (weniger ist wirkungslos, mehr verursacht Kater). Mancher greift auf nicht verschreibungspflichtige, schwach dosierte Beruhigungsmittel zurück, doch halten Sie sich dabei an die Hinweise auf der Packungsbeilage.

5: REIZE AUSBLENDEN

Schlafmasken oder Ohrstöpsel werden nicht grundlos angeboten. Sitzen Sie in der zweiten Klasse? Klemmen Sie sich ein Reisekissen unters Kinn, damit es Ihnen beim Schlafen nicht auf die Brust sackt (sieht merkwürdig aus, ist aber nützlich). Vergewissern Sie sich, dass Sie sichtbar angeschnallt sind, und bitten Sie die Flugbegleitung, nicht gestört zu werden. Angenehme Träume!

AUTO-FAHREN MIT DER SPITZE-HACKE-TECHNIK

» Beim Zurückschalten vor scharfen Kurven wenden Rennprofis oft einen Trick aus der Blütezeit des Motorsports an. Die Spitze-Hacke-Technik ist dazu gedacht, um „stufenlos hinunterzuschalten", erklärt Ben Collins, der in der BBC-Reihe *Top Gear* mitwirkte und *How to Drive* (2014) schrieb. Ohne die Technik drosseln Autos eventuell ruckartig und schlittern. Im Alltag braucht man sie zwar nur für Klassiker wie den Aston Martin DB5, doch sie ist unter schlechten Bedingungen und bei hohem Tempo auch für neuere Wagen sinnvoll. „Unverzichtbar bei heißen Verfolgungsjagden in den Alpen ..."

1: TEMPO RUNTER

Die Spitze-Hacke-Technik ist für manuelle Schaltungen vorgesehen, um die Motorgeschwindigkeit dem Reifendrehmoment anzugleichen, wenn man bremst. Das wird beim Zurückschalten vor Kurven relevant, weil Probleme aufkommen können, wenn die Motordrehzahl beim Loslassen der Kupplung zu hoch ist. Deshalb zunächst bremsen.

2: LEERLAUF

Treten Sie die Kupplung mit links, schalten Sie in den Leerlauf – und bremsen Sie weiter. „Wenn Ihr Fuß auf der Bremse steht, nehmen Sie ihn bestenfalls nicht herunter, bis Sie die Kurve hinter sich haben", sagt Collins. Laien bremsen häufig mehrmals – das bringt nichts.

3: EIN KURZER GASSTOSS

Treten Sie kurz mit dem dem rechten Fuß aufs Gas, ohne ihn von der Bremse zu nehmen oder die Kupplung loszulassen. „Jedes Auto ist anders. Sollte der Abstand zwischen den Pedalen zu groß sein, um einen Fuß ohne Weiteres quer auf zwei gleichzeitig zu stellen, tritt man weiter mit der Spitze auf die Bremse und streckt die Ferse hinüber zum Gas." Das ist die Spitze-Hacke-Technik in Aktion.

4: WIEDER SCHALTEN

Sobald die Motordrehzahl angeglichen ist, legen Sie einen niedrigeren Gang ein und nehmen den Fuß von der Kupplung. Bedenken Sie, dass Dieselmotoren möglicherweise verzögert auf den Gasstoß ansprechen, wohingegen das Pedal eines „Zehnzylinder-Boliden nur angetippt werden muss, um aufzudrehen, und in dem Moment darf man die Kupplung kommen lassen."

5: BESCHLEUNIGEN

Hören Sie zu bremsen auf und nehmen Sie die Kurve. Während sich die Fahrbahn begradigt, geben Sie Gas. Aber wo wir gerade dabei sind: Warum probieren Sie Collins' Technik nicht auch vor Steigungen aus? „Eigentlich ist das geschummelt; ich stelle meinen Bremsfuß gleichzeitig auch aufs Gas und rase davon, ohne die Handbremse zur Hilfe zu nehmen."

POLYGLOTT GANZ FLOTT

» Am Foreign Service Institute lernen amerikanische Diplomaten innerhalb weniger Monate, Fremdsprachen fließend zu beherrschen. Grundsätzlich gilt dabei, dass das im Mittelpunkt des Unterrichts steht, was wirklich benötigt wird – Auslandsvertreter müssen z. B. keine musiktheoretischen Ausdrücke kennen, um Handelsabkommen zu treffen. „Wir lehren Russisch nicht", sagt James Bernhardt, der die Lehrpläne am FSI aufsetzt, „sondern seinen *Gebrauch*." Hier zeigt er mit seiner Kollegin, der Romanistin Catherine Doughty, wie Sie Ihren Spracherwerb beschleunigen können ...

1: EINGEHENDE VERTIEFUNG

„Durch praktischen Gebrauch regt man alle wesentlichen Hirn- und Gedächtnisfunktionen an", legt Doughty dar. Abgesehen vom Offensichtlichen – Nachrichten in Ihrer Zielsprache schauen, das entsprechende Land bereisen – können Sie ausprobieren, die Benutzersprache Ihres Computers zu ändern, oder sich Videos von Muttersprachlern im Internet ansehen, die etwas machen, was Sie ebenfalls vorhaben.

2: DAS RICHTIGE VOKABULAR

Die 1.000 am häufigsten gebrauchten Wörter zu lernen genügt, um in ungefähr 70 Prozent aller Sprachsituationen zurechtzukommen. Besorgen Sie sich eine Liste, die auf Ihre Bedürfnisse zugeschnitten ist (also nicht bloß eine „allgemeine"), doch erweitern Sie diese wohlüberlegt um seltener vorkommende Vokabeln. „Bei uns", bemerkt Bernhardt, „muss man das Wort für ‚Botschaft' in der ersten Woche lernen."

3: NICHT GRAMMATIK PAUKEN

Es führt zu nichts, damit zu beginnen, zahl-
lose Grammatikregeln auswendig zu lernen.
Viel besser beraten ist man mit einer kurzen
Erklärung eines bestimmten Aspekts, so wie
Sie darauf stoßen. Sprechen Sie also drauflos
und warten Sie darauf, berichtigt zu werden.
Das ergibt sich entweder von selbst, oder Sie
bitten Freunde: „Falls ich ständig Fehler
mache, sag es mir."

4: BESCHRIFTUNGEN

Haushaltsgegenstände mit Klebezetteln
zu versehen, auf denen ihre fremdsprach-
liche Bezeichnung steht, ist eine gängige
Lernmethode. Viele machen dabei jedoch
den Fehler, die Vokabeln auf die Vorderseite
zu schreiben; eigentlich gehören sie auf die
Rückseite, weil Sie dann gezwungen sind,
die Wörter aus dem Gedächtnis abzurufen.
Sollten sie Ihnen nicht einfallen, können Sie
immer noch nachsehen.

5: DIE „RICHTIGEN FREUNDE"

Internationalismen sind in verschiedenen
Sprachen nahezu identische Wörter. „Sie
vereinfachen manches", sagt Doughty, „aber
es gibt auch sogenannte Falsche Freunde.
Verschaffen Sie sich einen Überblick, welche
es sind, damit Sie wissen, dass es nicht das
bedeutet, was Sie denken, wenn Sie es hören."

135

NATÜRLICHE ORIENTIERUNG OHNE KOMPASS

» Im offiziellen Überlebenshandbuch der britischen Luftwaffe findet sich ein praktischer Tipp: Sieht man auf dem Meer in 5 Minuten 10 Vögel oder mehr, ist man höchstens etwas mehr als 60 km vom Festland entfernt. Bei maximal 2 Vögeln liegt das Land weiter weg. Diese Faustregel entdeckte Tristan Gooley, ein führender Experte und Bestseller-Autor in Bezug auf natürliche Orientierung – die Kunst, die Umgebung als Wegweiser von A nach B zu nutzen.

Gooley ist derzeit der einzige lebende Mensch, der den Atlantik allein auf dem See- und Luftweg überquert hat. Auf seinen ersten Erkundungsreisen nutzte er herkömmliche Orientierungsmethoden. Je aufwendiger seine Expeditionen jedoch wurden, desto häufiger musste er sich auf technische Geräte verlassen. „Ich weiß noch, wie ich umgeben von Monitoren und Bedienelementen in einem Flugzeug dachte: ‚Eigentlich ist das nicht das, was mir Freude bereitet'", erzählt er. Da er allerdings gehört hatte, dass es möglich sei, sich nur anhand der Natur selbst in ihr zurechtzufinden, nahm er sich vor, dies zu versuchen. „In meinem Kopf brachen alle Dämme. Ich hatte eine sehr weite Forschungsreise hinter mir, eine spannende Herausforderung, und ging dann ohne Orientierungshilfen eine kurze Strecke durch einen Wald – es war überwältigend.

Er war geläutert und stellte daraufhin einen umfassenden Wissenskatalog zusammen, der bei Schriften aus der Wikingerzeit ansetzte und alles bis zu aktuellen Wissenschaftszeitschriften abdeckte, ausgewertet mithilfe seiner eigenen Erfahrungen. Gooleys Kniffe, die er in Büchern wie *Die geheimen Zeichen der Natur lesen* (2016) aufzeigt, sind nicht nur in Notfällen nützlich, sondern ziehen auch ein Gefühl von Zufriedenheit nach sich, das jeden Ausflug ins Freie aufwertet. Hier sind 5 davon ...

1: DEIN FREUND, DER BAUM

Ist eine Baumseite dichter belaubt als die andere und verfügt über mehr waagerechte Äste, bekommt sie mehr Sonne ab. Auf der Nordhalbkugel wäre dies also die Südseite (südlich des Äquators gelten im Folgenden die jeweils umgekehrten Angaben). Blätter auf der Nord- bzw. Schattenseite sind meistens größer und dunkler. „Der Baum produziert einen Stoff, der dem Laub quasi sagt, dass es sich vorsehen soll", beschreibt Gooley. „Sie wachsen so, weil sie auf diese Weise einfach mehr Licht aufnehmen."

2: AUF NESSELN ACHTEN

Wo Brennnesseln sind, ist der Mensch nicht weit. „Wir denken, sie würden überall wachsen, weil sie es dort tun, wo wir ansiedeln", so Gooley. „Sie brauchen phosphathaltige Böden, und die stellen wir bereit, sei es durch Landwirtschaft, unsere Lebensweise und Tätigkeiten generell oder wenn wir sterben." Wildtiere deuten wiederum auf die Nähe von Nesseln hin. Die Raupen des Pfauenauges etwa, das man an seinen roten Flügeln, schwarzen Punkten und hellen Augenflecken erkennt, ernähren sich von dieser Pflanze.

3: VIELSAGENDES MONDLICHT

Denken Sie sich eine Linie, die von den Spitzen der Mondsichel zum Horizont führt. In dieser ungefähren Richtung liegt Süden. „Im Grund sagt uns der Mond in seiner jeweiligen Phase: ‚So stehe ich momentan im Verhältnis zur Sonne'", verdeutlicht Gooley. Die angestrahlte Seite des Mondes zeigt, ob die Sonne sich im Osten oder Westen befindet. Ergo ist eine Tangente entlang der Sichelspitzen rechtwinklig zu dieser Ost-West-Linie ausgerichtet und selbst eine Nord-Süd-Linie.

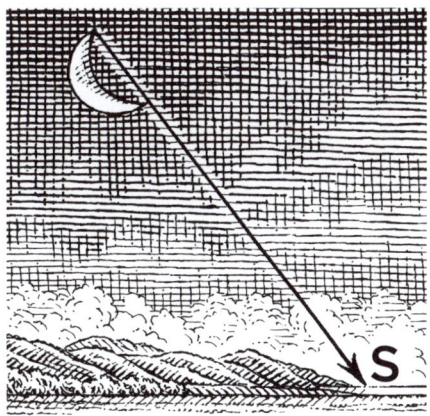

» 4: WO DER REGEN HINFÄLLT...

Fällt Ihnen auf, dass sich Wasser mehrheit-
lich auf einer Seite eines Wegs sammelt, dann
ist das wahrscheinlich die südliche. Eine
Böschung oder Pflanzenwuchs am Rand
wirft Schatten nach Norden, wenn sich die
Sonne nach einem Wolkenbruch wieder
zeigt, was bedeutet, dass es dort langsamer
trocknet. „Der Boden bleibt weich und ero-
diert weiter, wenn jemand den Weg entlang-
geht", weiß Gooley. „Das ist ein Kreislauf, der
sich monatelang in einem fort wiederholt,
sodass Pfützen entstehen."

5: IN ORTSCHAFTEN

Suchen Sie Fernseh-Satellitenschüsseln.
Solche müssen auf einen geostationären
Satelliten gerichtet sein, und diese können
nur über dem Äquator kreisen, weil sie sonst
nicht stets über derselben Stelle auf der Erde
stünden. Demzufolge zeigen die Schüsseln
ungefähr nach Süden. Sind Sie ortskundig,
können Sie die Richtung noch genauer
bestimmen. „Das gängigste Satellitenpro-
gramm ist beispielsweise in Großbritannien
Sky; dieser Sender wird über Astra-2-Sa-
telliten ausgestrahlt, die südsüdöstlich des
Landes kreisen."

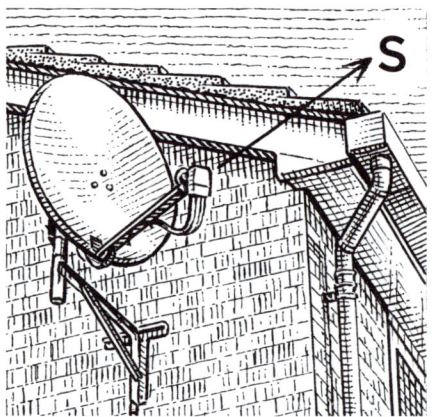

URLAUBS-FOTOS MIT „WOW"-EFFEKT

>> 2013 setzte Lauren Bath alles auf eine Karte. Die junge australische Köchin arbeitete in einem Restaurant in Gold Coast im Bundesstaat Queensland und hatte gerade eine besonders schwierige Schicht zum Jahreswechsel überstanden. Sie beschloss, genug sei genug, und kündigte. Da sie nebenbei ihrem Talent als Reisefotografin nachgegangen war, machte sie sich mit dem Vorsatz auf, diese Tätigkeit hauptberuflich auszuüben. Der Plan ging auf. Heute folgen ungefähr eine halbe Million Fans Bath auf Social Media, *National Geographic* veröffentlichte Bilder von ihr, und Unternehmen wie Olympus oder Moët & Chandon zählen zu ihren Kunden. Wie aber gelingen zu einer Zeit, in der Kamera-Handys jeden von uns zu einem Fotografen machen, wirklich bestechende Urlaubsschnappschüsse?

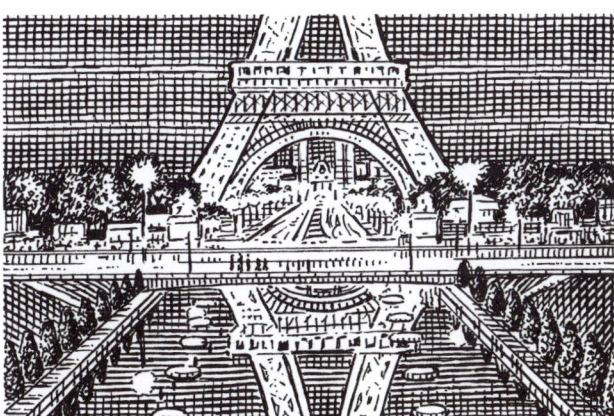

1: GEHEN SIE ES „BLIND" AN

Im Urlaub will man logischerweise berühmte Sehenswürdigkeiten fotografieren, aber ein individueller Touch muss dabei sein. „Am besten sehen Sie sich möglichst wenig klischeehafte Motive an, bevor Sie sich selbst daran versuchen. Geht man vorab Hunderte von Varianten durch, findet man kaum einen frischen Ansatz", glaubt Bath. „Ein weiterer guter Tipp ist der, sich nicht mit dem ersten Bild zufriedenzugeben. Für mich ist es das Nummer-sicher-Foto, aber nie mein liebstes. Ich probiere verschiedene Brennweiten, Objektivlängen, Perspektiven, Spiegelungen …"

2: VERGESSEN SIE SELFIE-STICKS

Selfies im ursprünglichen Sinn lassen viel zu wünschen übrig. Suchen Sie für Selbstporträts lieber einen für sich genommen schon interessanten Hintergrund, der mit einem Menschen im Bild noch sehenswerter wird. „Für diese Art von Selfie brauchen Sie ein Dreibeinstativ und müssen zeitversetzt auslösen. Stellen Sie die Kamera entsprechend ein und fokussieren Sie manuell Ihren Sitzplatz. Der Timer sollte Ihnen Zeit geben, um in Position zu gehen, dann drücken Sie den Auslöser und los geht's."

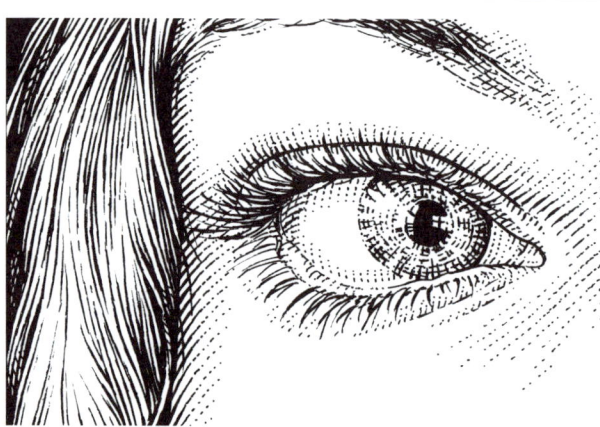

3: DAS WESENTLICHE BEI PORTRÄTS: DIE AUGEN

„Ich fokussiere stets die Augen meiner Models. Falls sie nicht direkt in die Kamera schauen, wähle ich das nähere Auge. Das Schärfste im ganzen Bild müssen bei mir die Augen sein." Bath betont diesen Fokus durch unscharfe Hintergründe. Handykameras machen dies digital; an traditionellen Apparaten ist ein niedriger f-Wert (weit offene Blende) erforderlich. Ihr zweiter Porträt-Tip: mit Gegenlicht arbeiten. „Dabei befindet sich das Subjekt zwischen Ihnen und der Lichtquelle – normalerweise der Sonne. Mit Übung gelingen so tolle Blendenflecke und andere Effekte."

4: LERNEN SIE ZWEI KLASSISCHE KOMPOSITIONSTECHNIKEN

Mit der „Drittelregel" lässt sich nahezu jedes Motiv besser darstellen. „Stellen Sie sich den Bildbereich durch je zwei waagerechte und senkrechte Linien unterteilt vor. Gibt es ein interessantes Detail, etwa eine Person, Führungs- oder Horizontlinie, richten Sie es an einer der Linien aus." Beim „Framing", der zweiten Technik, „blenden Sie einen Teil der Szene mit einem natürlichen Rahmen im Vordergrund aus. Das können Türen oder Fenster sein, aber auch Unkonventionelles wie Bäume oder die Bullaugen eines Schiffs."

5: FRÜHMORGENS ODER SPÄTABENDS FOTOGRAFIEREN

Am besten fotografiert man während der „goldenen Stunde", nachdem die Sonne aufgegangen ist bzw. bevor sie untergeht. „Steht sie dicht über dem Horizont, ist das Licht sanft und warm. Dann gelingen mit wenig Mehraufwand wunderbare Fotos." Zu Mittag legt sollte man Pause machen. „Bei Sonnenschein und wolkenlosem Himmel mittags fällt das Fotografieren am schwersten, weil es so hell und kontrastreich ist. Überall fallen harte Schatten, und es ist fast unmöglich, Personen abzulichten, außer, sie gehen aus der Sonne."

6:

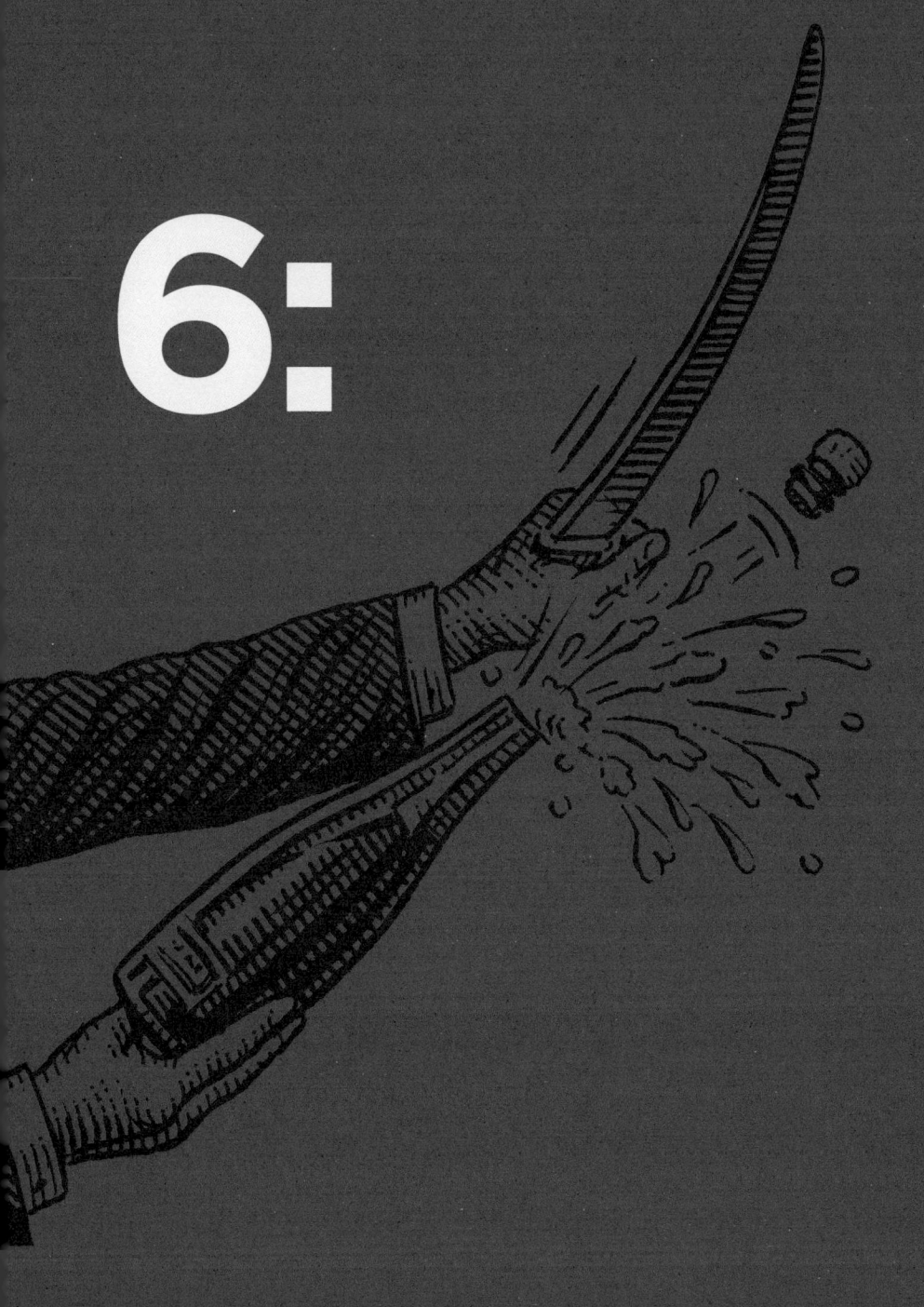

FÜR
ANGEBER

 Dieses Kapitel dreht sich ausschließlich um Effekthascherei und Zurschaustellung. Teilweise handelt es sich um Kabinettstücke für Partys – und davon sollte jeder Mann mehrere parat haben. Einen unglaublichen Kartentrick zu zeigen oder anmutig in ein Schwimmbecken zu springen, mag ungeachtet des Unterhaltungswertes keinem übergeordneten Zweck dienen, doch Applaus ist Ihnen dabei sicher. Ein paar Tricks sind hingegen Garanten für dauerhaft mehr Lebensqualität. Mit Tracey Emins Rat zum Aufhängen von Kunstwerken etwa schafft man zu Hause ein anheimelnderes Ambiente, und wenn Sie sich an unsere Weisung halten, um ein sagenhaftes Gedächtnis zu entwickeln, wird Ihnen dies den Alltag ungeheuer erleichtern …

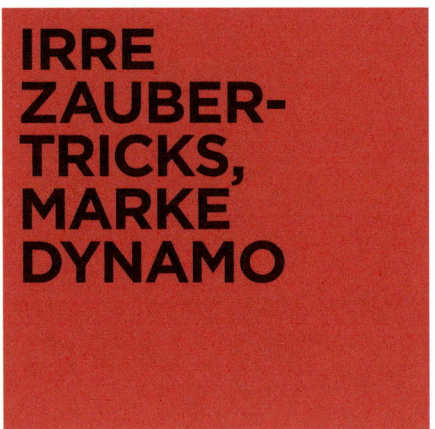

IRRE ZAUBERTRICKS, MARKE DYNAMO

» Einst war Zauberei etwas fürs Varieté, doch dann kamen Künstler wie Dynamo alias Steven Frayne daher. Seine Illusionen, die schon Pharrell Williams oder Brad Pitt in Ehrfurcht erstarren ließen, unterscheiden sich dahingehend von traditionellen Tricks, dass sie niemanden zum Narren halten wollen. „Es geht um unvergessliche Momente", erklärt der Magier, der 2017 *Dynamo: The Book of Secrets* veröffentlichte. Wir ließen uns einen Trick von ihm beschreiben, der unter Garantie Eindruck schindet …

Die Situation: Jemand sucht sich eine Spielkarte aus. Er nimmt sie weg und mischt den Rest so, dass die Vorderseiten willkürlich nach oben oder unten zeigen. Dann werden sie ausgelegt. Die aufgedeckten Werte bilden eine Telefonnummer. Diese wählt er mit der Anweisung, denjenigen Angerufenen zu fragen, welche Karte es sei. Ihr Telefon läutet, und Sie geben die richtige Antwort …

1: DAS BLATT PRÄPARIEREN

Gehen Sie die Karten vor dem Trick durch und legen Sie solche zu einem Stoß zusammen, die Ihrer Telefonnummer entsprechen. Asse stehen für Eins, Damen für Null (Q oder D ähnelt 0). Die unterste Karte soll die erste Ziffer vorgeben; die Beispielnummer oben lautet 07225 386491. Legen Sie diesen Stoß zugedeckt auf die anderen Karten. Laut Dynamo kann man diese Vorbereitung vor den Augen des Teilnehmers treffen. „Hantiere ich beiläufig mit den Karten, während ich mit Ihnen spreche, verfolgen Sie nicht besonders aufmerksam, was vor sich geht."

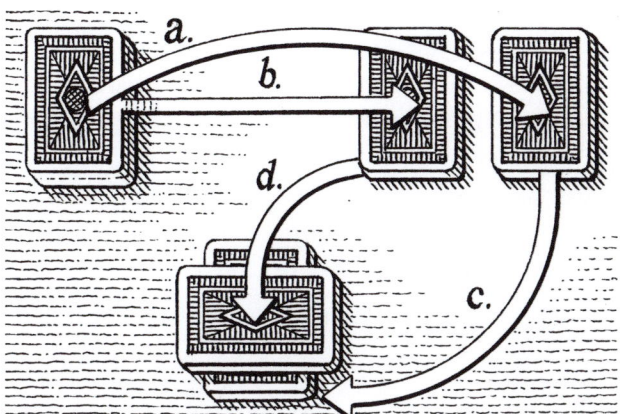

2: DER TRICK BEGINNT

Der Teilnehmer wählt die Karte. Legen Sie den ganzen Satz auf den Tisch, nachdem Sie sich die unterste Karte gemerkt haben. Bitten Sie die Person, zwei Stapel zu bilden. Die Stelle, wo der Satz geteilt wurde, soll erkennbar bleiben, also legen Sie den unteren Stapel quer auf den oberen. Reden Sie eine Weile, damit der Teilnehmer vergisst, welcher Stapel wo liegt. Dann soll er den (neuen) oberen umdrehen und die aufgedeckte Karte behalten, ohne sie zu zeigen. Es ist dieselbe, die Sie sich zu Beginn gemerkt haben.

3: VIER STAPEL BILDEN

Der Teilnehmer soll das Blatt nun so mischen, dass einige Karten verkehrt herum liegen. Fächern Sie sie dann in Ihren Händen auf und ziehen Sie nur jene heraus, die Ihre Telefonnummer ergeben. Legen Sie sie auf den Tisch (Stapel 1 im Bild). Nehmen Sie 10 bis 15 weitere Karten und stapeln Sie sie aufgedeckt rechts daneben (2). Darauf folgt ein dritter Stapel mit zugedeckten Karten (3). Mit den restlichen bilden Sie dann wiederum einen aufgedeckten Stapel ganz rechts (4).

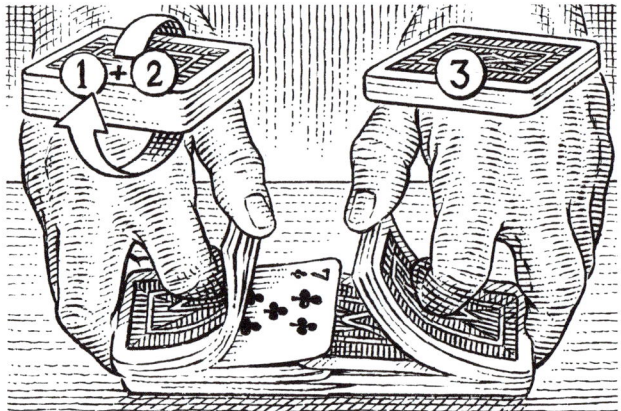

4: MISCHEN

Der Teilnehmer soll (1) und (2) ineinander-schieben (Bogenmischen). Nehmen Sie den entstehenden Stoß (1+2). Sagen Sie: „Noch einmal", indem Sie (1+2) umdrehen. Lassen Sie (1+2) genauso mit (3) mischen. Wenn Sie (1+2+3) zurückbekommen, wenden Sie auch diesen Stapel. Schließlich soll der Teilneh-mer ihn mit (4) mischen, dann nehmen Sie das ganze Blatt entgegen und drehen es um. Die Karten, die Sie zu Beginn daraufgelegt haben, sind nun aufgedeckt, was der Person aber nicht klar sein dürfte.

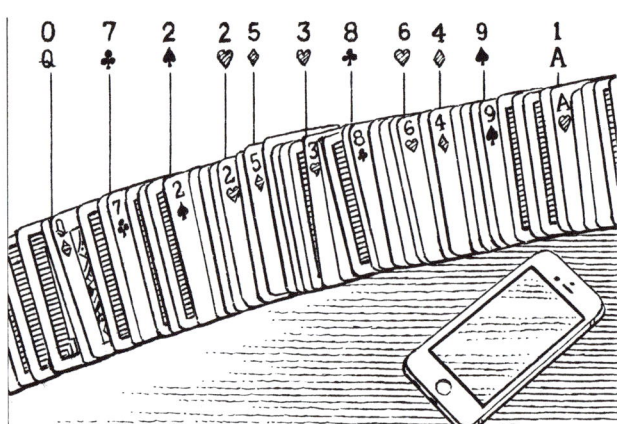

5: DIE GROSSE OFFENBARUNG

Sagen Sie: „Ich drehe jetzt alle Karten bis auf deine um." Breiten Sie sie auf dem Tisch aus. Mehrere – ihre – sind wegen Schritt 4 auf-gedeckt. Tun Sie so, als habe der Trick nicht funktioniert, von wegen „Na gut, versuchen wir es anders." Weisen Sie den Teilnehmer an, die Zahlen der aufgedeckten Karten als Nummer in sein Handy zu tippen, wobei Sie ihm die zu übertragenden Werte erklären. Bitten Sie: „Ruf an, und wer sich meldet, soll die Karte erraten, die du dir ausgesucht hast." Ihr Telefon läutet; nennen Sie die Karte des Teilnehmers, speichern Sie seine Nummer – vor allem, wenn er eine Sie ist.

IN EINEN POOL TAUCHEN WIE EIN WASSER-SPRINGER

» Auf Poolpartys sind Springwettbewerbe nicht wegzudenken, und wer sich dabei tatsächlich einigermaßen achtbar schlägt, ist einen wunderbaren Augenblick lang ein Held – weil ein Publikum den Anblick eines eleganten Tauchers ganz besonders zu schätzen weiß, wie Tom Daley in seiner Jugend schnell lernte. „Ich fand ziemlich lustig, dass die Leute so fasziniert von etwas waren, das mir sehr einfach vorkam", sagt er. Zugegeben, Daley hatte Talent dazu. Er wurde mit 15 der erste britische Weltmeister im Einzelspringen und gewann später zwei Olympiamedaillen. Mit seinem ersten Tipp spricht er aus schlechter Erfahrung. „Man muss wissen, wie tief das Becken ist. Ich habe mir einmal Zähne am Boden abgeschlagen." Bei Sprüngen von niedrigen Brettern beträgt die ideale Wassertiefe mindestens 3 m. Und der ideale Sprung …

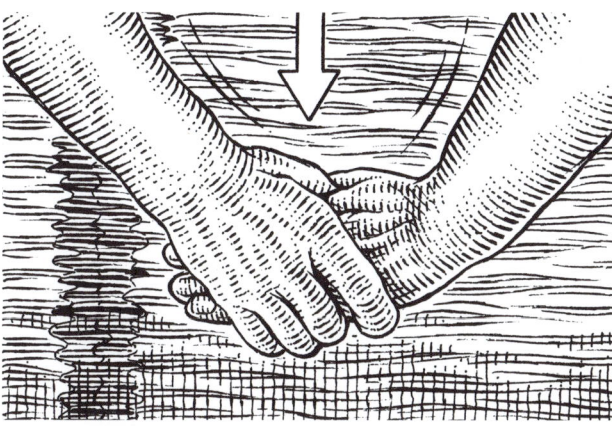

1: LERNEN SIE DEN „SPRINGERGRIFF"

Im Gegensatz zur weitläufigen Annahme tauchen Springer mit umfassten Händen wie oben gezeigt. Sie möchten eine möglichst große Aufprallfläche mit den Handinnenseiten bilden, während sie die Oberarme fest gegen ihre Ohren drücken. Üben Sie das, indem Sie sich wie zum Springen an den Beckenrand stellen, „beugen Sie sich so weit nach vorn, wie es geht, halten Sie die Beine durchgedrückt und umfassen Sie eine Hand mit der anderen. Stellen Sie sich auf die Zehenspitzen, sodass Sie von selbst hineinfallen. Ihre Beine treiben automatisch auf, ohne dass es Ihnen bewusst ist."

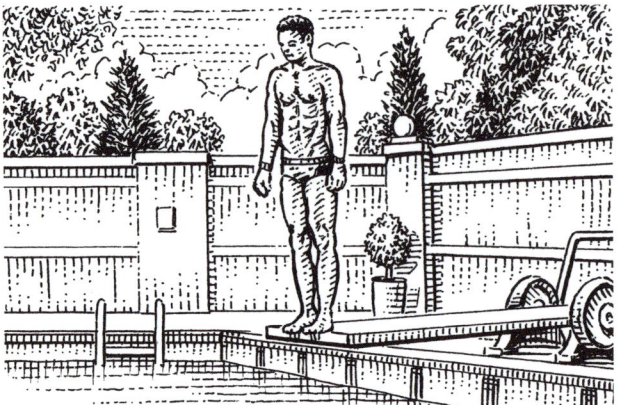

2: DIE AUSGANGSHALTUNG

Nun zum eigentlichen Tauchsprung. Wenn Sie an der Brettkante stehen, schauen Sie nach vorn und halten Sie sich mit hängenden Armen völlig gerade. „Das heißt, Sie spannen die Beine komplett an – die Oberschenkel, die Pobacken – und neigen Ihr Becken, damit sich auch alle unteren Bauchmuskeln spannen", erklärt Daley. Das ist wichtig, um auf ansehnliche Weise einzutauchen. „Die Haltung ist zum Schluss oft die gleiche wie zu Anfang." Die großen Zehen sollten ein wenig übers Brett ragen.

3: DEN „HECHT" MACHEN

Um im Bogen einzutauchen, stellen Sie sich vor, Sie müssten einen hüfthohen Zaun überwinden. Beim Sprung spreizen Sie die Arme T-förmig. Am höchsten Punkt „hechten" Sie (siehe Bild), indem Sie den Oberkörper vornüber neigen. „Nun müssen Sie nur noch den Po anspannen und die Beine zusammenpressen, dann gehen sie ziemlich schnell hoch." Sobald sich Ihr Körper begradigt hat, halten Sie die Hände so wie in Schritt 1. Die Beine sollen dabei geschlossen bleiben. Das kann man üben, indem man ein Handtuch dazwischen klemmt, um es „bis zum Eintauchen ins Wasser" festzuhalten.

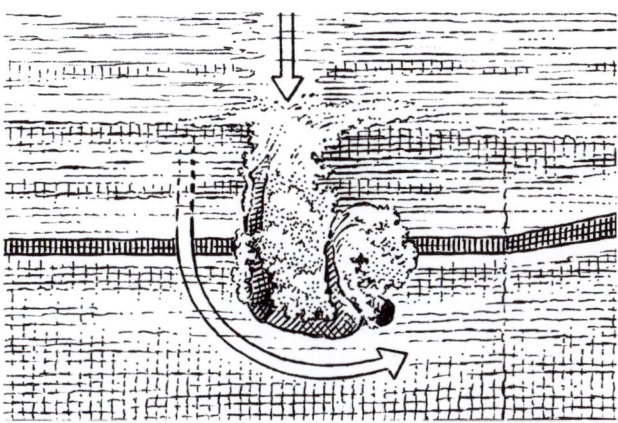

4: SPRITZFREI UNTER DIE OBERFLÄCHE

Warum spritzt kaum Wasser, wenn Könner wie Daley springen? Zunächst wegen jener Handhaltung. Sobald der Kopf bis über die Ohren im Wasser ist, nehmen Sie die Hände auseinander und strecken die Arme wieder T-förmig aus. „Das entstehende Vakuum zieht das Wasser mit hinunter." Zweitens neigt man sich zu einer Rolle vorwärts, kurz bevor die Schienbeine eintauchen. „Das ganze Wasser und die Luft, die Sie mitziehen, werden beim Rollen eingeschlossen, darum spritzt es noch weniger."

5: WEITER VERFEINERN

Nach den Grundlagen können Sie einen simplen Vorwärtssalto lernen. Heben Sie am Beckenrand die Arme, ohne dass sie einander berühren. Beim Hineinspringen „kommt es darauf an, sie wie zum Ausholen ein wenig hinter den Kopf zu strecken", beschreibt Daley. „Wenn Sie dann so tun, als würden Sie einen Stein schleudern, geht Ihr Becken hoch, und Sie überschlagen sich." In dem Moment ziehen Sie die Knie an, was an einen Paketsprung erinnert, wobei Sie Ihre Schienbeine mit je einer Hand festhalten. Schließlich tauchen Sie mit den Füßen ein. „Das ist einfacher, als Sie denken."

MACHEN SIE IHREN GEGNER BEIM POKERN NERVÖS

» Als 1998 *Rounders* in die Kinos kam, löste dies einen neuen Poker-Trend aus. Den Zockern waren dann auch die Chip-Tricks aus dem Film geläufig – fingerfertige Spielerei mit Jetons, die Selbstbewusstsein vermitteln und schwächere Gegner einschüchtern soll. In einer denkwürdigen Szene sitzt Matt Damons Figur Johnny Chan gegenüber, der im wirklichen Leben mehrfacher Champion der World Series of Poker ist. Er zeigt ein Kunststück, das man bis heute schlicht als „den Johnny Chan machen" kennt. Versuchen Sie es doch mal selbst bei Ihrer nächsten Partie?

1: STAPELN
Halten Sie mehrere Jetons wie abgebildet – 6 bis 10 dürften genügen.

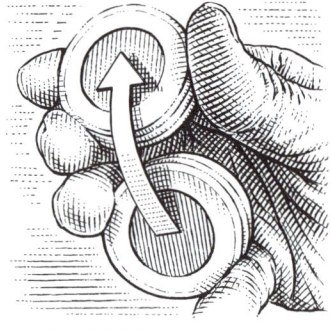

2: ABHEBEN
Schieben Sie die 3 vorderen Jetons mit dem Daumen hoch zum Zeigefinger.

3: NACH UNTEN SCHIEBEN
Schieben Sie den vorderen Jeton mit Mittel- und Ringfinger zurück nach unten.

4: WIE KARTENMISCHEN
Fahren Sie mit den zwei anderen Jetons fort. Dann von vorn – wirkt echt bedrohlich.

WERDEN SIE ZUM ZIPPO-SCHNIPPER

» Na gut, Sie rauchen nicht – aber das heißt nicht, dass Sie kein Feuerzeug haben dürfen. Ein Lagerfeuer und eine Kerze zum Abendessen anzünden oder jemandem die Zigarette anstecken zu können, hat etwas Weltmännisches. Was man dazu braucht, ist ein Metallfeuerzeug im Zippo-Stil, doch wie schlägt man es am schmissigsten an? Schauen Sie nur, wie es Ryan Gosling in *Gangster Squad* (2013) für Emma Stone macht – mit genau dem richtigen Maß an Temperament, um aufzufallen; etwas umständlicher, und es würde einstudiert, also, uncool wirken. Und so geht's …

1: HALTEN
Nehmen Sie das Feuerzeug heraus, halten Sie es wie dargestellt mit dem Deckel links.

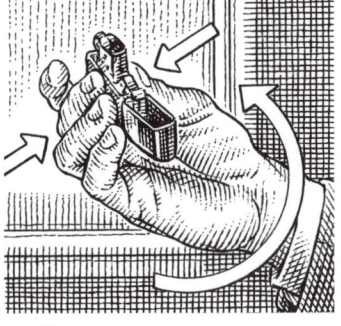

2: ÖFFNEN
Mit Daumen und Fingern schnippen, die Hand gleichzeitig um 90 Grad drehen.

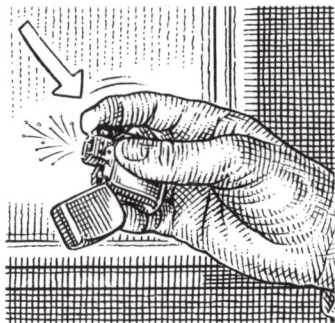

3: ANZÜNDEN
Schlagen Sie das Reibrad an, halten Sie das Feuerzeug gerade, zeigen Sie die Flamme.

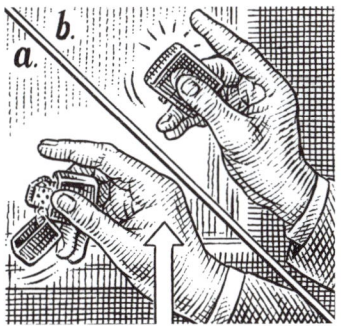

4: SCHLIESSEN
Halten Sie es wieder waagerecht, um es mit einem Ruck zuschnappen zu lassen.

SCHAMPUS AUF DIE SCHNITTIGE ART

» Der Legende nach schnitt die französische Kavallerie bei Siegesfeiern zu Beginn der Napoleonischen Kriege Champagnerflaschen mit ihren Säbeln auf. So entstand der Begriff „Sabrage". „Nachgeahmt haben es dann die Briten der King's German Legion und die Russen", weiß Julian White. „Nach der Schlacht von Waterloo hörte es aber natürlich auf, weil die Kämpfe vorbei waren." 1986 wurde die Confrérie du Sabre d'Or gegründet, für die White als Vertreter im Ruhestand fungiert. Sie will diese Kunst wiederbeleben, und er zeigt uns, worauf sie beruht…

1: JE KÄLTER, DESTO BESSER

Kühlen Sie eine Flasche Champagner. „Ein Kühlschrank mit 5 °C reicht aus, doch für einen wirklich sauberen Schnitt, und wenn man wenig Schaum versprühen will, sollte die Flasche ungefähr 10 Minuten lang tiefgekühlt werden." Danach entfernen Sie den Draht und die Folie vom Korken.

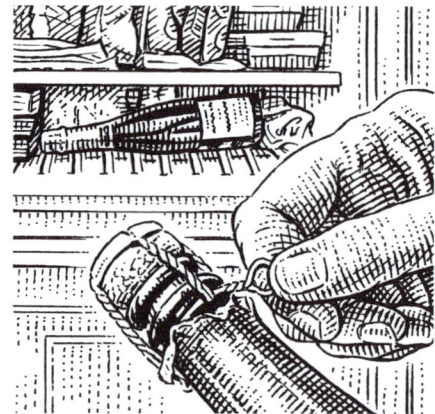

2: FREIMACHEN

Suchen Sie die Längsnaht am Glas. Legen Sie sie ganz unter der Folie am Hals frei. „Im Allgemeinen verläuft die Pressnaht dort, wo die Folie zusammengefügt wurde, also können Sie diese einfach an beiden Seiten umklappen."

3: DIE „WAFFE" ZÜCKEN …

Halten Sie die Flasche mit einem Daumen in der Bodenmulde in einem Winkel von 45 Grad. Achten Sie darauf, dass Ihnen niemand in die „Schusslinie" gerät. Setzen Sie mit einem stumpfen Säbel – oder, falls Sie keinen haben, der stumpfen Seite eines Küchenmessers – ein paar Zoll oberhalb des Flaschenbodens an. Die Klinge soll flach an der Naht liegen.

4: … UND SCHNITT!

Fahren Sie zügig mit der Klinge an der Naht zum Hals hinauf. Wenn das Metall gegen den Ring am oberen Rand schlägt, werden der Korken und Glassplitter abplatzen. „Ziehen Sie ganz durch, nicht stocken. Sie brauchen aber nicht den starken Mann zu markieren; Es sollte eine leichte, schwungvolle Bewegung sein."

5: NACHBEMERKUNGEN…

Beim Führen darf die Klinge den Kontakt zum Glas nie verlieren. „Wenn Sie oben am Hals nur einen Millimeter tief in die Flasche schlagen, explodiert sie." Sabrieren Sie zudem keine Flaschen aus trübem Glas, denn es ist möglicherweise nicht stabil genug. Und schenken Sie den Champagner sofort aus – oder wollen Sie ihn warm trinken?

TRAINIEREN SIE SICH EIN ELEFANTEN-GEDÄCHTNIS AN

» Könnten Sie Pi bis auf 4.100 Kommastellen genau aufsagen? Dominic O'Brien kann. Der achtfache Gewinner der Gedächtnisweltmeisterschaft behält sich auch die Reihenfolge sämtlicher gemischter Karten aus 54 Spielsets oder die Namen zu 100 Gesichtern, die er nie zuvor gesehen und nur eine Viertelstunde lang angeschaut hat; außerdem nimmt er jeden Termin wahr, ohne diesen notieren zu müssen. Dennoch behauptet er, sein Gedächtnis sei nichts Besonderes. Um genau zu sein, beruhen alle seine Leistungen auf ein paar simplen Prinzipien, die er regelmäßig auch Schauspielern zum Lernen ihrer Texte oder ausländischen Würdenträgern nahelegt, damit diese ohne Spickzettel Reden halten können. „Die Vorstellung, unser ‚Gedächtnisspeicher' sei irgendwann voll, ist Unsinn", stellt er klar. „Je länger man trainiert, desto leichter fällt es, Informationen zu verinnerlichen."

1: BILDER PRÄGEN SICH EIN

Um Reihenfolgen von Dingen auswendig zu lernen, stellen Sie sich jedes bildhaft vor. Mit Gegenständen geht das leicht – aber Sie müssen sie mit allen Sinnen erfassen und markanter machen, indem Sie sich ungewöhnliche Details dazudenken. Bei Abstraktem wie Zahlenfolgen ist Querdenken gefordert. Die 53 könnten Sie etwa Eric Clapton zuordnen, weil E und C der fünfte und dritte Buchstabe des Alphabets sind. O'Briens Buch *You Can Have an Amazing Memory* (2011) beschreibt dazu verschiedene Systeme. Zuletzt müssen Sie die Bilder miteinander verbinden.

2: DIE LOCI-METHODE

Legen Sie jedes Ding in Gedanken an einer bestimmten Stelle auf einem vertrauten Weg ab, beispielsweise in Ihrem Haus. Die Stationen (lat. *locus*: Ort) könnten Schlafzimmer, Flur, Bad, Küche, Haustür sein. Ist das erste Ding eine Axt, stellen Sie sich vor, sie würde im Schlafzimmerschrank stecken. Folgt darauf ein Auto, mag es im Treppenhaus stehen, wo Sie sich vorbeizwängen müssten. Auf diese Weise prägen Sie sich alles dauerhaft ein, von Einkaufslisten bis zum Aufbau einer Ansprache.

3: VIELE WEGE FÜHREN NACH…

Während Sie eine neue Liste anhand desselben Wegs lernen, stoßen Sie vielleicht auf alte Dinge. Deshalb brauchen Sie mindestens 10 Wege, um variieren zu können – bis Sie wieder beim ersten ankommen, dürften Sie vergessen haben, was Sie darauf „abgelegt" haben. „Ich sammle solche Szenarien", sagt O'Brien. „Jährlich kommen für Wettkämpfe oder Vorträge 2, 3 neue hinzu." Denken Sie an einen Rundgang durch die Stadt oder über einen Golfplatz. Ein Weg sollte sofort abrufbar sein, drinnen und draußen einbeziehen sowie eine persönliche Bedeutung für Sie haben.

4: DIE FÜNFERREGEL

Möchten Sie sich umfangreiche Daten dauerhaft behalten – O'Brien hat schon die Titel von Nummer-1-Singles aus 40 Jahren gelernt –, gelingt dies durch Wiederholung. „Ich weiß aus Erfahrung, dass ich meine Technik dazu fünfmal durchführen muss."

Bestenfalls sichten und verarbeiten Sie die Informationen in einem Durchlauf sowie 24 Stunden später erneut. Das dritte Mal kann 4 bis 7 Tage später stattfinden, das vierte nach einem Monat, und das letzte 3 bis 6 Monate später.

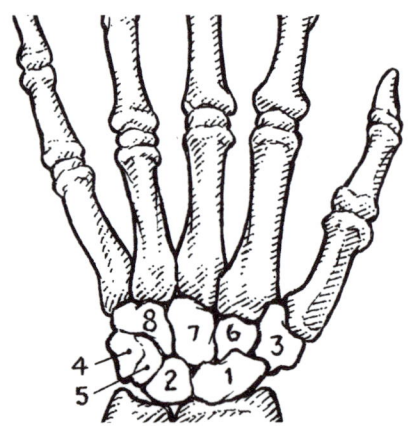

1. Kahnbein
2. Mondbein
3. Dreiecksbein
4. Erbsenbein
5. Gr. Vieleckbein
6. Kl. Vieleckbein
7. Kopfbein
8. Hakenbein

5: BONUSMETHODE

Die Loci-Methode funktioniert hervorragend, aber Mnemotechnik ist auch nicht zu verachten. „Medizinstudenten nutzen sie, um komplexe Zusammenhänge zu lernen." So fassen etwa die Sätze „Ein Kahn, der fuhr im Mondenschein im Dreieck um das Erbsenbein" und „Vieleck groß, Vieleck klein, der Kopf der muss am Haken sein" die Handwurzelknochen zusammen: Kahnbein, Mondbein, Dreiecksbein, Erbsenbein, Großes und Kleines Vieleckbein, Kopfbein und Hakenbein. Und längere Akronyme? Die legen Sie selbstverständlich wieder auf einem Weg ab.

FUSSBÄLLE IN DER LUFT HALTEN

» Die Fähigkeit, mit einem Fußball zu „jonglieren", geht Spielern Jermaine Jenas zufolge zusehends ab. Sobald sie in die Profi-Riege aufsteigen, konzentrieren sie sich auf Kraft und Geschwindigkeit – da bleibt keine Zeit mehr für vermeintlichen Kinderkram. „Mir haben schon einige rundheraus gesagt: ‚Ich schaffe keine 50 Kick-ups, muss ich auch nicht'", erzählt der englische Ex-Nationalspieler und derzeitige Kommentator im britischen Fernsehen. Das ist schade. Einen Ball um den eigenen Körper springen zu lassen sieht nämlich nicht nur beeindruckend aus, sondern schärft dem Spieler auch wesentliche Aspekte seiner Sportart ein. Brasilien zählt zu den wenigen Ländern, in denen Kick-ups nach wie vor exerziert werden, und die Erfolgsgeschichte seiner Elf sagt alles. „Ihr Training beruht auf Kopftennis und Strandvolleyball mit den Füßen – dem Jonglieren mit dem Ball eben."

Jenas glaubt, für seine Karriere, die bei Nottingham Forest begann und ihn über Newcastle United, Tottenham Hotspur und Aston Villa zu den Queen's Park Rangers führte, habe er unmittelbar davon profitiert, Kick-ups wie besessen zu üben, während er in Nottingham aufwuchs. „Ich war den ganzen Tag im Garten hinterm Haus und sagte, wenn ich reinging, ganz stolz zu Mum oder Dad: ‚Ich hab 80 Stück geschafft!' Dann hieß es: ‚Mach's noch mal...'" Abgesehen davon, dass dies Ballbeherrschung, Gleichgewichtssinn und Technik verbessert, lernt man dabei, beide Füße zu benutzen – ein veritabler Wettbewerbsvorteil. „Letzten Endes sind die Grundlagen davon das, was einen guten Fußballer ausmacht." Obwohl er seit der Saison 2013/14 nicht mehr aktiv ist, gelingen Jenas auch heute noch 100 Kick-ups. Mit den folgenden Tipps schaffen Sie das ebenfalls...

» 1: LUFT RAUS

Anfänger müssen den Schwierigkeitsgrad herabsetzen. Üben Sie auf hartem Boden und – noch wichtiger – lassen Sie ein klein wenig Luft aus dem Ball. „Bei all den Akrobaten, die man sich auf YouTube anschauen kann, dürfen Sie davon ausgehen, dass sie ihre Bälle nicht fest aufpumpen."

2: SIE WISSEN AM BESTEN...

... wo der Idealpunkt auf Ihrem Fußrücken liegt, wenn Sie den Ball balancieren. Zu Beginn Ihrer Übungen ist dies der Teil des Fußes, auf dem Sie den Ball halten sollten. Trainieren Sie darüber hinaus generell Ihre Standsicherheit. „Versuchen Sie, auf einem Bein zu stehen, während Sie sich ein Auge zuhalten – das dürfte Sie gehörig aus der Fassung bringen."

3: DER EIGENTLICHE KICK

Verstehen Sie es nicht unbedingt als Kicken, sondern eher als Lupfen, und richten Sie die Zehen immer leicht nach oben, damit der Ball nicht weghüpft. „Je niedriger man ihn halten kann, desto mehr Kontrolle hat man darüber. Er sollte nicht über die Knie hinaus in die Luft steigen." Beugen Sie selbige, aber bleiben Sie locker.

4: ÜBUNGSABLAUF

Lassen Sie den Ball fallen und hüpfen. Kicken Sie ihn hoch, damit er einmal aufprallt, und machen Sie es dann erneut. Wiederholen Sie dieses Muster, bis Sie so sicher sind, dass Sie versuchen können, ihn je zweimal zu kicken, bevor er den Boden berührt. So steigern Sie sich nach und nach. Vergessen Sie nicht, auch Ihren schwächeren Fuß zu trainieren. „Je schneller Sie es mit beiden beherrschen, desto besser."

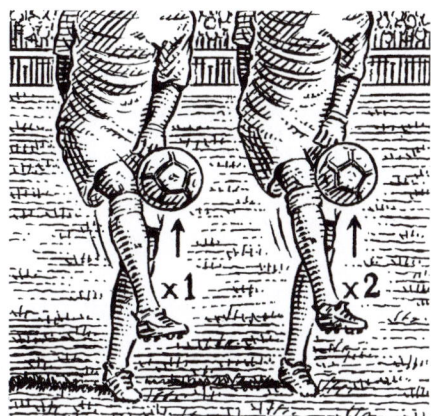

5: HOCH HINAUS

Wenn Sie eine Menge Kick-ups schaffen, probieren Sie, ob Sie den Ball auf andere Körperteile überspringen lassen können, z.B. den Kopf. Jenas empfiehlt, beim Köpfen nicht nur den Hals zu bewegen, denn das erzeugt zu wenig Wucht. „Der Schwung, um den Ball mit den Schultern und dem Kopf hochstoßen zu können, kommt aus den Hüften."

SINGEN WIE DER NÄCHSTE SUPERSTAR

» 2017 las man auf der Seite des Musik-blogs Pitchfork die Schlagzeile: „Jorja Smiths Stimme könnte die Welt retten." Diese Stimme, so hieß es, sei „besänftigend und kraftvoll ... durchdrungen von Mitgefühl, als sei sie geboren, um das Leid auf diesem Planeten zu lindern." Nicht nur die Autorin bewunderte Smith. Die gesamte Branche lobte die Soul-/R&B-Sängerin, ob Drake (der sie über Instagram bat, gemeinsame Sache zu machen), Radio- und TV-Moderator Nick Grimshaw (er nannte sie seine „Lieblings-stimme aus Großbritannien nach Amy Winehouse") oder Kendrick Lamar (auf dessen All-Star-Album *Black Panther* sie 2018 mitwirkte). Bei den BRIT Awards 2018 heimste sie berechtigterweise den begehrten Kritikerpreis ein. Für Sie nun ein Meister-kurs im Singen wie ein Star, von Smith und ihrer Lehrerin Emma Stevens ...

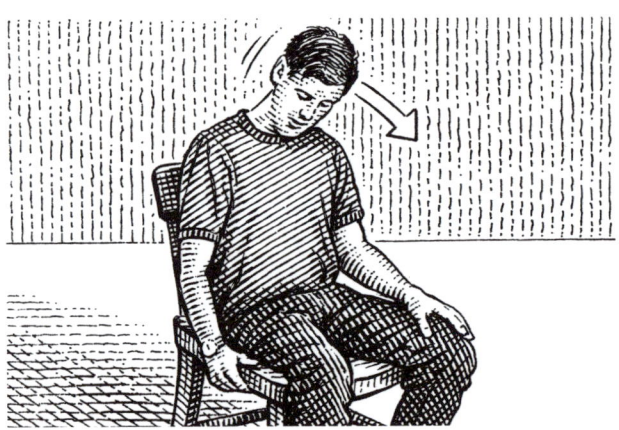

1: DIE STIMMBÄNDER AUFWÄRMEN – UND ALLES ANDERE AUCH

Vor Konzerten sieht sich Smith ein Auf-wärmvideo für Sopranistinnen im Internet an, zu dessen Musik sie Silben wie „kiu" und „ning" in unterschiedlichen Lagen singen kann. „Das dauert 20 Minuten", gibt sie an. Dehnübungen sind auch wichtig. Setzen Sie sich auf einen Stuhl, halten Sie sich mit einer Hand unter der Sitzfläche fest und neigen Sie den Kopf mit eingezogenem Kinn zur entgegengesetzten Schulter. Um Ihren Mund zu lockern, bewegen Sie die Zunge wie zum Entfernen von Speiseresten von den Backenzähnen. Stehen Sie auch auf und schütteln Sie den ganzen Körper aus.

2: VERGESSEN SIE ALLES, WAS SIE ÜBERS ATMEN WISSEN

„Bei Céline Dion oder Beyoncé sieht man kaum, wie sich ihre Brust hebt, denn sie atmen tief aus dem Bauch", sagt Stevens. „Das ist wichtig, denn wenn man flach Luft holt, verkrampfen Hals und Mundpartie, wovon die Stimme sehr schnell kaputtgeht."

Lernen Sie also, wie man korrekt atmet. „Stellen Sie sich einen Ballon hinter ihrem Bauchnabel vor, in den Sie auf direktem Weg wie durch einen Strohhalm Luft saugen. Wer singt, atmet genau so."

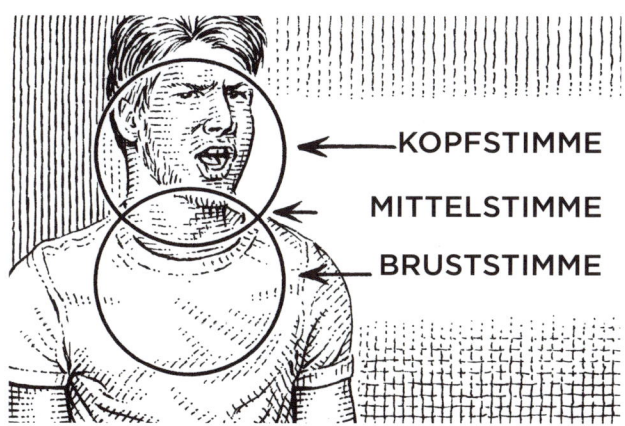

KOPFSTIMME

MITTELSTIMME

BRUSTSTIMME

3: DIE STIMME VERLAGERN

„Der Ton kommt nicht aus dem Hals", sagt Smith. „Sie müssen Ihn vom Zwerchfell aus erzeugen." Sie werden jedoch bemerken, dass er, je nach Höhe, an unterschiedlichen Stellen entsteht: tiefere Töne in der Brust (Modalstimme), höhere im Kopf (Falsett). In mittleren Lagen entscheiden Sie zwischen beiden Arten – je nachdem, welche Wirkung Sie erzielen wollen. Mit hoher Bruststimme kann man bellen wie Chuck Berry. Im Gegenzug, so Smith, „lasse ich das manchmal bleiben, weil es schrecklich klingen würde, und benutze stattdessen meine Kopfstimme".

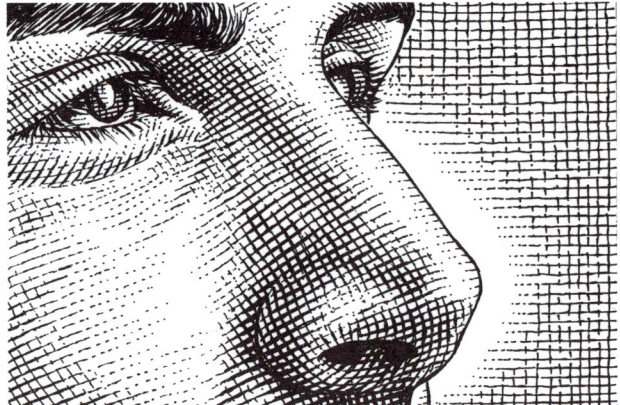

4: TÜCKISCHE NASE

„Nicht durch die Nase singen", mahnt Smith. „Viele machen das, und ich habe es früher auch gemacht – mein Dad rüffelte mich deswegen." Man läuft dabei Gefahr, wie eine Disney-Figur zu quäken. Dennoch hat der dezente Einsatz der Nasalstimme durchaus etwas für sich. „Sie verleiht rauchigem Gesang ein gewisses Extra", glaubt Stevens. „Wenn Jorja mehr Power in den höheren Lagen braucht, sage ich: ‚Ein wenig durch die Nase.'" Sie darf nur nicht zu piepsig klingen, muss „das richtige Maß finden".

5: BITTE LÄCHELN!

„Wenn man beim Singen lächelt, öffnet man automatisch den Mund", fährt Smith fort. Dadurch hebt sich auch das Gaumensegel hinten, das die Resonanz und den Klang maßgeblich beeinflusst; gesenkt erzeugt es einen dumpferen, matteren Ton. Diesen sollten Sie aber vorn im Mund spüren, „als würde Ihre Stimme gegen die Schneidezähne stoßen", vergleicht Stevens. „Das führt den Ton in den härteren Mundbereich." Währenddessen braucht man den Mund aber nicht weit aufzusperren ... was auf der Bühne auch unschön aussehen würde.

KUNST-WERKE AUFHÄNGEN WIE EIN KÜNSTLER

>> Tracey Emin, die britische Star-künstlerin, erlangte ihre Berühmtheit mit ungeschönt autobiografischen Werken. Ihre Installation *My Bed* (1998) etwa kam 1999 in die engere Auswahl für den Turner Prize, und an den Innenwänden des Zelts *Everyone I Have Ever Slept With 1963 – 1995* (1995) stehen die Namen angeblich aller Personen, mit oder bei denen sie je geschlafen hat. Ihre Meinung zu Kunstkäufern fällt nicht minder direkt aus: „Manche verstehen gar nicht, was sie sich zulegen, und empfinden nichts dabei, sondern haben sich weismachen lassen, es sei das Richtige und würde ihrem gesellschaft-lichen Status gerecht. Ein Riesenirrtum. Der beste Grund zum Kaufen wäre, dass das Werk Gefühle verändert, die Fantasie anregt, liebvoller und leidenschaftlicher macht, geistreicher und kreativer." Finden Sie also etwas, das Sie begeistert, und hängen Sie es folgendermaßen auf …

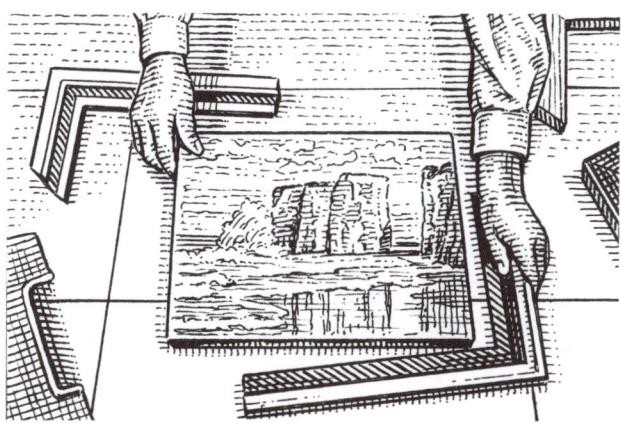

1: MIT BEDACHT NEU RAHMEN

„Viele Leute machen den Fehler, den Rahmen auszuwechseln, den der Schöpfer benutzt hat. Das tut man nicht. Der Künstler hat ihn gewählt, weil er ihn für angemessen hielt. Falls Sie einen anderen wollen, sollten Sie nachhaken – nicht um Erlaubnis bitten, sondern Ihren Wunsch erklären und die Möglichkeiten besprechen." Bedenken Sie dabei jedoch, dass ein neuer Rahmen Wertverlust bedeuten könnte. Ein Tipp, um alte Gemälde zeitgemäßer zu präsentieren: Kaufen Sie einen Rahmen aus gebürstetem Stahl, in dem 3 bis 4 mm Platz um die Lein-wand bleiben.

2: DIE UMGEBUNG IST GENAUSO WICHTIG WIE DAS BILD

Ein Kunstwerk in einem Zimmer aufzuhängen, wo es zum Blickfang wird – z. B. bei relativ spartanischer Einrichtung –, kann stimmig sein, doch umgekehrt mag es je nach Raum überhaupt nicht zur Geltung kommen. „Etwas Winziges an einer Wand sieht vielleicht abscheulich aus, weil es wie ein Loch wirkt." Gleichsam ist mitunter auch entscheidend, wo man eben nichts anbringt. „Meine Schlafzimmer daheim, in New York und Frankreich sind leer. Ich hänge beim Aufwachen gern meinen Gedanken nach."

3: AUF DIE HÖHE KOMMT ES AN

„155 bis 160 cm sind für die Mitte des Bildes üblich, dann hängt es auf Augenhöhe. Das ist aber oft zu hoch. Kleine Formate sollten niedriger hängen – man will sie ja auch betrachten können. Außerdem richtet sich die Höhe in der Regel nach der Körpergröße von Männern statt Frauen." Möglich ist auch, Extreme auszureizen, um eine dramatische Wirkung zu erzielen. „Je nachdem, was es ist, können Sie mehrere Bilder unterschiedlich hoch anbringen. Manches sieht unten an einer Wand einfach cooler aus, anderes eher in einer oberen Ecke."

4: ÄUSSERE UMSTÄNDE BERÜCKSICHTIGEN

Setzen Sie Kunstwerke nicht direkter Sonnenstrahlung aus – darum fällt das Licht in vielen Galerien von Norden ein. „Vor allem Fotos gehören nicht in die Sonne, denn dort sind sie innerhalb eines Jahres ausgebleicht." Überlegen Sie sich zudem genau, ob Sie etwas in einem Bad aufhängen. Dort wird es nicht lange halten, und davon abgesehen: Muss das sein? „Das frage ich mich, wenn ich die Bilder auf den Toiletten des Concorde Room [Flughafen Heathrow] sehe. Braucht man auf dem Klo einen Peter Doig vor der Nase?"

5: VERSUCHEN SIE EINE SALONHÄNGUNG

Dabei handelt es sich um eine Wand voller Gemälde wie in den Salons des 19. Jahrhunderts. Gehen Sie es aber planvoll an. „Legen Sie die Stücke vor die Wand, wo Sie sie aufhängen möchten. Soll etwa das größte Bild mittig links hängen, richten Sie es am Boden dementsprechend aus und machen nach Augenmaß so weiter." Beim Anbringen braucht man sich nicht übermäßig um den Abstand zwischen den Rahmen zu sorgen. „Sie müssen nicht alles ausmessen", sagt Emin. „Mindestens 4 oder 5 cm Platz zwischen den Bildern sollten es aber schon sein, das wirkt nicht so erdrückend."

7:

ARBEIT
& KARRIERE

 Zur Arbeit zu gehen, bedeutet viel mehr, als lediglich seine Pflicht zu erledigen. Man muss sich eine ganze Reihe zusätzlicher Fertigkeiten aneignen, um am Arbeitsplatz zu bestehen und aufzublühen. Niemand gibt Ihnen eine Gehaltserhöhung, es sei denn, Sie bitten darum. Doch wie gehen Sie bei der Verhandlung darüber vor? Wenn Sie ein neues Produkt präsentieren oder eine Ansprache auf einer Abschiedsfeier halten sollen, wie gelingt dies auf charismatische Weise? Und bürdet man Ihnen ein zusätzliches Projekt auf, wie bewältigen Sie es? Wir haben uns an die Ansprechpartner schlechthin für solche und viele andere Fragen gewandt. Falls ein Bürojob nicht Ihr Ding ist, keine Bange – wir haben auch eine Anleitung dazu, wie man einen Roman-bestseller schreibt ...

EIN MILLIARDEN-SCHWERES UNTER-NEHMEN GRÜNDEN

>> Sir Richard Bransons Imperium umfasst mehr als 400 Unternehmen, 90.000 Angestellte und eine Privatinsel. Alles begann jedoch mit nur 200 £. Diesen Betrag steckte er in die Zeitschrift *Student*, die er im Alter von 16 veröffentlichte, um jungen Menschen während der Hochphase des Vietnamkriegs eine Stimme zu geben. Seitdem ist er zu einem Musterbeispiel für Unternehmertum geworden, sei es als Gründer einer Reihe von Schallplattenläden (und später eines Musiklabels) und Flug- bzw. Eisenbahngesellschaft oder eines Radiosenders, einer Kette von Fitnessstudios oder eines Weltraumtourismus-Projekts – alles unter dem Banner Virgin. Heute ist die Virgin Group geschätzt 7 Milliarden Dollar wert und Branson eine der einflussreichsten Personen der Welt. Wir fragten ihn nach der Grundregel, die man befolgen muss, um wirtschaftlich zu erfolgreich zu sein ...

1: GROSSARTIGE GESCHÄFTSIDEEN AUS ENTTÄUSCHUNGEN

„Ich habe Flüge mit den Airlines anderer gehasst", erzählt Branson. „Das war eine traurige Erfahrung: kein Entertainment, schreckliches Essen, die Flugbegleitung hat generell nicht gelächelt, die Maschinen waren alt. Vor lauter Frust dachte ich deshalb: ‚Besorgen wir uns eine gebrauchte 747 und versuchen es selbst'. So wurde Virgin Atlantic geboren. Virgin Records gründete ich, weil Mike Oldfield keinen Plattenvertrag für *Tubular Bells* bekam. Ich wusste, dass es ein starkes, toll klingendes Album war, doch niemand wollte es veröffentlichen, also sagte ich: ‚Egal, gründen wir ein eigenes Label.'"

2: IHR PRODUKT MUSS DAS DER KONKURRENZ AUSSTECHEN

„Manche unserer Ideen haben nicht funktioniert – allen voran Virgin Cola. Dennoch war es ein großer Spaß und hat uns nicht geschadet; wenn man sich mit schweren Kalibern anlegt und baden geht, verdient man sich Respekt dafür. Hauptsächlich lernte ich dabei, dass wir uns nicht deutlich genug von anderen unterschieden haben. Es war eine nette Marke, aber bloß eine Coladose. Seitdem haben wir nur etwas herausgebracht, wenn es der Konkurrenz unserer Ansicht nach klar überlegen war."

3: LERNEN SIE FLEXIBLES ARBEITEN SCHÄTZEN

„Man muss überragende Mitarbeiter um sich scharen und sie meines Erachtens wie eine Familie behandeln. In der Zentrale der Virgin Group darf jeder so viel Urlaub nehmen, wie er will, und zwar bezahlten. Wer gern von zu Hause aus arbeitet, kann das tun. Ich habe immer entweder von einem Hausboot oder einer Insel aus gearbeitet, nie in einem Büro. Momentan liege ich in einer Hängematte, schaue aufs Meer und leite ein kleines Imperium mit 90.000 Angestellten. Indem man in einer angenehmen Umgebung arbeitet, schafft man mehr und hat Zeit zum Nachdenken."

4: NOTIZEN MACHEN

„Ich bin da ein wenig fanatisch. Wenn ich in einen Virgin-Flieger steige, will ich los, um mit Angestellten und Kunden zu reden. Dieser Austausch bringt ein Unternehmen voran. Wer sich nichts aufschreibt, kann auch nichts abarbeiten. Sitze ich in Meetings und die Leute machen sich keine Notizen, ärgert mich das ein wenig, auch wenn ich es vielleicht nicht zeige. Notizen sind weithin verpönt. Viele halten sie für unter ihrer Würde, als hätten Firmenchefs so etwas nicht nötig. Da irren sie in meinen Augen.“

5: DELEGIEREN, DELEGIEREN, DELEGIEREN

Statt sich ins Tagesgeschäft zu verstricken, brauchen Sie Luft, um das große Ganze ins Auge zu fassen (seien Sie aber bereit zu reagieren, falls ein Problem auftaucht). „Ich habe vielen Geschäftsleuten geraten: Sobald der Betrieb läuft, lässt man sich im Büro vertreten und zieht dort aus. Jemand anderes soll den Laden schmeißen. Und wenn Sie nicht da sind, können Sie auch niemanden vor den Kopf stoßen, der Sie sprechen will und vielleicht Ihre Zeit vergeudet. Wer ein richtiger Unternehmer sein möchte, stürzt sich immerzu auf das jeweils nächste spannende Vorhaben.“

GESCHÄFTS-KONTAKTE FÜR SICH EINNEHMEN

>> Bei Thema Networking scheiden sich die Geister. Eine Studie der Universität Toronto hat ergeben, dass die bloße Erwähnung von Visitenkarten oder Seilschaften genügt, um Ekel auszulösen – und gleichzeitig haben dieselben Forscher festgestellt, dass daran kein Weg vorbeiführt, falls man beruflich vorankommen will. Laut Oli Barrett, geht es vorrangig darum, sich eine andere Herangehensweise anzueignen.

Das Magazin *Wired* taufte Barrett zum „am besten vernetzten Mann Großbritanniens". Der Mitbegründer des Unternehmens Cospa, das sich für gesellschaftliche Innovation starkmacht, hat 12 internationale Handelsmissionen geleitet, sitzt in Beratungsausschüssen wie jenem des Centre for Entrepreneurs und gilt als britischer Pionier des Speed Networking. Hier seine sicheren Tipps für natürlicheres, angenehmeres und effektiveres Vernetzen ...

1: NICHT UNVORBEREITET ZU GESCHÄFTSVERANSTALTUNGEN

Recherchieren Sie nach den anderen Gästen und lesen Sie die Lokalpresse, falls das Event auswärts stattfindet – so schnappen Sie allerlei Vermischtes aus, womit Sie Eindruck schinden können. Überlegen Sie zudem, wie Sie sich vorstellen. Man sollte ein paar Ansätze beherrschen, um eine Unterhaltung zu beginnen. „Ich erinnere mich an jemanden, der bemerkt hatte, dass seine Art, sich vorzustellen, zu öde war, nur sein Name und Beruf. Mit einer längeren Einleitung – er sei Neuseeländer und als Surfer lange dort geblieben, lebe aber nun in Kalifornien – hatte er gleich mehrere Gesprächsthemen."

2: DRÄNGEN SIE SICH NICHT AUF

Sie können zwar einfach auf andere zugehen, sollten aber sofort erklären, wer Sie sind: „Darf ich mich vorstellen?" Es ist jedoch vorzuziehen, dies dem Gastgeber zu überlassen. „Sagen Sie etwa: ‚Tolle Veranstaltung, so viele interessante Leute – wer ist denn so da?' Nichts hat mir mehr geholfen, einen guten Einstieg zu finden." Fragen Sie auch nicht: „Was arbeiten Sie?" Mancher hasst seinen Job und mag Sie als urteilend empfinden. Versuchen Sie lieber: „Womit beschäftigen Sie sich gerade?"

3: NICHT MIT VISITENKARTEN ZUM NARREN MACHEN

Karten nie am Anfang oder Ende einer Konversation zücken. „Das wirkt ein wenig wie Hausieren. Für mich ist der ideale Zeitpunkt dann gekommen, wenn man ein gemeinsames Interesse gefunden hat – ‚Ich würde mich freuen, Ihnen deswegen eine Mail schreiben zu dürfen.'" Immerhin geht es beim Vernetzen darum, sich hilfsbereit zu zeigen und so eine Vertrauensbasis für die Zukunft zu schaffen. Barrett hat mehrere persönliche und betriebliche Visitenkarten. Erstere garantieren anhaltenden Kontakt, falls er den Job wechselt, und vermitteln dem Gegenüber, es sei etwas Besonderes.

4: DEN ABSCHIED NICHT VERMASSELN

Wer unerfahren darin ist, Kontakte zu knüpfen, stellt sich beim Beenden von Gesprächen oft unbeholfen an. Eine gute Taktik ist es, sein Gegenüber mit jemand anderem bekannt zu machen, ehe man sich verabschiedet. Andererseits ist die direktere Art keineswegs verwerflich. Barrett sagt am liebsten: „Sie wollen bestimmt noch mit anderen sprechen. Bitte entschuldigen Sie, ich muss einem Kollegen Hallo sagen." Und zum Abschluss: „Sind Sie den ganzen Abend hier? Vielleicht sehen wir uns später wieder."

5: SICH UNTER LEUTE MISCHEN IST NICHT GLEICH VERNETZEN

Um Connections aufzubauen, knüpft man an eine Begegnung an. Laden Sie zu einem Kaffee in Büronähe ein oder schreiben Sie eigenhändig kurze Nachrichten. „Ich kenne jemanden, der seine Firma für eine Milliarde Dollar verkauft hat. Sein Erfolgsgeheimnis bestand darin, Investoren, denen er im Lauf der Zeit begegnet war, handschriftlich darauf hinzuweisen." Noch wichtiger: Pflegen Sie Verbindungen, etwa, indem Sie relevante Web-Artikel mit einem „Ich dachte beim Lesen an Sie" an Kontakte weiterleiten. Barrett lässt sich auch von Google Alerts daran erinnern, dies zu tun.

MEHR GEHALT VERLANGEN – UND BEKOMMEN

>> Sie halten sich für einen guten Verhandlungsführer? Eventuell täuschen Sie sich. Adam Grant behauptet, selbst Experten würden Strategien folgen, die kontraproduktiv sind, obwohl sie weithin als zweckdienlich gelten. Er ist Professor an der Wharton School der Universität Pennsylvania und Autor von *Geben und Nehmen* (2013). Seine datengestützten Methoden funktionieren wirklich – und haben schon Institutionen wie der US Army, dem World Economic Forum oder Google geholfen. Hier leitet er Sie durch jene notwendige wie verzwickte Gehaltsverhandlung …

1: DIE AUSGANGSFRAGE: WAS WOLLEN SIE?

Ermitteln Sie Ihr ungefähres Zielgehalt gemessen daran, was in Ihrer Branche üblich ist, und – falls machbar – auch den Umsatz, den Sie fürs Geschäft erwirtschaften. Drittens sollten Sie Ihre Alternativen zu einer Gehaltserhöhung abwägen, beispielsweise einen Unternehmenswechsel. „Dann brauchen Sie nichts zu akzeptieren, was tiefer als Ihr unteres Limit liegt."

2: IM GESPRÄCH ENTGEGEN-KOMMEN ZEIGEN

Schaffen Sie ein Gefühl von Nähe, ohne Informationen preiszugeben, die gegen Sie verwendet werden könnten. Wenn es ans Eingemachte geht, zeigen Sie, dass Sie es ernst meinen, aber unbefangen sind. Grant setzt auf Formulierungen wie: „Ich habe folgende Ziele und würde mich freuen, Sie auf einem Weg zu erreichen, der auch für Sie vertretbar ist."

3: NICHT BLOSS MEHR GELD VERLANGEN

Bringen Sie mehrere Fakten auf den Tisch – Gehalt, Tätigkeitsprofil, Zusatzleistungen – und bieten Sie verschiedene Optionen an: „Wunderbar wären 20 Prozent mehr und die Gelegenheit, mich weiterzubilden, oder 15 Prozent und ein anderer Aufgabenbereich." Weil Ihr Vorgesetzter nicht einfach bejahen oder verneinen kann, ist die Wahrscheinlichkeit, dass er auf einen der Vorschläge eingeht, unter psychologischen Gesichtspunkten höher – und die Gehaltserhöhung in jedem Fall sicher.

4: DIE VERHANDLUNG

Rechtfertigen Sie Ihre Forderungen in erster Linie damit, was Sie für Ihr Unternehmen leisten. Falls Ihr Vorgesetzter ein vernünftiges Gegenangebot macht, sollten Sie dennoch versuchen, ihn zu einem höheren zu bewegen. Dazu gehen Sie so lange in immer kleineren Schritten mit dem Betrag herunter, den Sie sich ursprünglich vorgestellt haben (um anzudeuten, dass die Grenze des Vertretbaren bald erreicht ist), bis Sie beide sich einig werden.

5: WAS, WENN SICH DER CHEF KATEGORISCH SPERRT?

Fragen Sie, ob es jemand anderen im Betrieb gibt, an den Sie sich wenden können. Ist niemand vorhanden, sagen Sie: „Das läuft meinen langfristigen Plänen zuwider, und falls das letzte Wort hiermit gesprochen wurde, muss ich mich wohl anderweitig umsehen. Weil ich das aber nicht möchte, wäre es schön, wenn Sie versuchen würden, es zu vermeiden, falls die Möglichkeit besteht."

REDEN HALTEN, DIE IN ERINNERUNG BLEIBEN

» Bei der Jahresversammlung der British Conservative Party 1977 stahl ein 16-jähriger Junge allen die Show mit einer emotionalen Rede, die so überzeugend war, dass Margaret Thatcher sie „mitreißend" nannte. Es handelte sich um den späteren Parlamentarier William Hague, der zum Vorsitzenden der Konservativen aufstieg und 2015 als Lord Hague of Richmond geadelt wurde. Das Talent für öffentliche Ansprachen hat seine Erfolge untermauert, weshalb ihn viele für einen der geistreichsten Politredner – und tatsächlich auch Tischgenossen – seiner Generation halten. Sein Patentrezept lautet: jede Rede planen. „Ich weiß nicht, wie viele ich schon gehalten habe, bereite mich aber immer noch darauf vor, denn jede Zuhörerschaft ist anders", sagt er. Was genau er vorbereitet und wie er es dann präsentiert, lesen Sie hier ...

1: ALLES STEHT UND FÄLLT MIT DER EINLEITUNG

„Was Sie in den ersten 2 Minuten sagen, ist zehnmal wichtiger als Ihre Worte in der 20. Minute", weiß Lord Hague. Das liegt daran, dass man gleich zu Beginn eines Vortrags entscheidet, ob man zuhört oder abschaltet. „Für den Einstieg gibt es keine verbindliche Regel, doch er sollte Aufmerksamkeit erregen. Klassisch ist natürlich Selbstironie, um zu zeigen, dass Sie kein blasierter Wichtigtuer sind." Er selbst schöpft aus einem großen Fundus von Anekdoten, etwa zu „peinlichen Situationen aus dem internationalen Politalltag oder unsanften Begegnungen mit Wählern ...".

2: NICHT EINFACH DRAUFLOS SCHREIBEN

Jede Ansprache, selbst zu einer Hochzeit, braucht einen Gedankenfaden, also legen Sie zuerst eine Struktur fest. „Man kann nicht zu viele Ideen anführen. 3 sind ein guter Richtwert." Beim Schreiben nutzt man Wendungen, die das Publikum zur Inter-aktion anregen – ob in Form von Gelächter, Applaus oder Antworten auf eine Frage – und bei der Stange halten. „Die Antragsrede zu meiner Aufnahme ins Parlament schrieb ich mit dem Vorsatz, das Auswahlgremium müsse alle 90 Sekunden ‚irgendetwas tun'".

3: DIE STIMME AUFWÄRMEN

Frische Luft ist nie verkehrt. „Vor wichtigen Tagungen ging ich in Blackpool an der Küste spazieren, und in den St. James's Park zog es mich oft vor Treffen mit dem Premier." Auch etwas Zucker kurz vor der Rede ist nützlich. „Das kann ein Löffel im Tee sein oder – etwas ausschweifender – ein Glas Portwein. Der hohe Zuckergehalt im Wein hilft tatsächlich und lässt das Stimmvolumen anwachsen. Als ich im Unterhaus gegen 400 Labour-Abgeordnete anreden musste – die konnten richtig laut werden –, half mir der Zucker im Tee."

4: DER REST DES KÖRPERS REDET MIT

Fitness ist ein maßgeblicher Faktor. „Man braucht ein hohes Lungenvolumen, um längere Sätze oder Textabschnitte vorzutragen, ohne zu stocken – obwohl abrupte Pausen auch prägnant sein können." Öffentlich spricht man am besten mit der Bruststimme statt aus der Kehle. Nehmen Sie sich vor, Ihre Begeisterung mit dem, was Sie sagen, zum Ausdruck zu bringen, und gestikulieren Sie. „Manche Abgeordnete stecken die Hände in die Hosentaschen. Das lenkt ab und vermittelt Gleichgültigkeit."

5: DEN SCHLUSS BESONDERS STARK GEWICHTEN

„Das Ende einer Rede ist insofern von Bedeutung, als sich der Zuhörer keinen anderen Teil so gut merkt." Es sollte den Gedankengang zusammenfassen, aber nicht wiederholen – erzählen Sie noch eine Anekdote oder drücken Sie sich anders aus. Bei klarer Zeitvorgabe schreiben Sie das Ende so, dass es separat funktioniert. Falls angebracht beantworten Sie hinterher Fragen. So zeigen Sie, dass Sie sich auskennen und diskussionsbereit sind, was der Stimmung zuträglich ist, in der Ihre Rede bewertet wird. „Hören Sie generell auf niemanden, der Ihnen von einer Fragerunde abrät."

BEWER-BUNGS-GESPRÄCHE MIT EIN-STELLUNGS-GARANTIE

» Wenn die Bank of England, die Universität Stanford oder MetLife Führungspositionen besetzen müssen, kommt Odgers Berndtson ins Spiel. Laut Kester Scrope, der das hoch gehandelte Personalberatungsunternehmen leitet, müssen selbst Spitzenkandidaten an ihrem Auftreten bei Vorstellungsgesprächen feilen. „Wenn man erlebt, wie schlecht vorbereitet manche sind, ist man überrascht und entsetzt." Recherche muss nicht nur sein, damit man weiß, was man sagen soll, sondern auch, ob man die Stelle überhaupt will. Mit diesen Tipps lassen Sie nichts anbrennen ...

1: MACHEN SIE SICH ÜBER IHREN BEFRAGER SCHLAU

„Gemeinsamkeiten finden, um eine emotionale Verbindung herzustellen, ist unheimlich nützlich", bekräftigt Scrope.
„Falls Sie also zufällig beide dieselbe Universität besucht haben, können Sie das erwähnen, wenn Sie auf Ihre schulische Laufbahn angesprochen werden. Ihr Gegenüber wird sich davon geschmeichelt fühlen, dass Sie solches Interesse zeigen."

2: GEHEN SIE PLANVOLL VOR, ABER BLEIBEN SIE EHRLICH

Bemühen Sie sich, einen guten Eindruck zu hinterlassen – kommen Sie 10 Minuten früher, legen Sie sich Fragen fürs Ende des Gesprächs zurecht. Verstellen Sie sich jedoch nicht. Das ist geistig anstrengend, und die Wahrheit wird letztlich ans Licht kommen. Genauso wenig sollten Sie bei der Nennung bisheriger Leistungen übertreiben. „Das lässt sich leicht durchschauen und führt nur dazu, dass alle Ihre Aussagen angezweifelt werden."

» 3: ZEIGEN SIE, DASS SIE ANGETAN VON DEM JOB SIND

„Manche fallen durch, weil Sie nicht übermütig wirken wollen. Das wird dann wiederum als Hochnäsigkeit interpretiert und stößt ab: Es gibt Anlass zur Sorge, Sie würden dem Arbeitgeber nicht lange erhalten bleiben. Sagen Sie, dass Sie die Stelle spannend finden, und unterstreichen Sie dies durch eine schwungvolle, begeisterte Verhaltensweise. Diese Eigenschaften dürften sowieso gefragt sein, gerade von Personal, das andere leiten soll."

4: SEIEN SIE AUF TYPISCHE FANGFRAGEN GEFASST

Beispiel: „Wo sehen Sie Ihre Schwächen?" Bevor Sie antworten, überlegen Sie, was Ihre Fürsprecher auf diese Frage über Sie sagen würden. Lügen Sie nicht – aber lassen Sie alles aus, was Ihnen schaden könnte – und erklären Sie vor allem, wie Sie Ihren Schwächen entgegenwirken. Forumlieren Sie es in etwa so: „Ich nehme die Arbeit oft zu persönlich, doch meine Freude am Sport hilft mir dabei, ein gesundes Gleichgewicht zu bewahren."

5: KEINE FLOSKELN ALS ANTWORT AUF SIMPLE FRAGEN

Nehmen wir: „Warum wollen Sie bei uns arbeiten?" Statt das Unternehmen plump als bestes seiner Art zu loben, würde Scrope eher entgegnen: „Ich kann mich mit den Werten des Unternehmens identifizieren und denke, dass darin ein ungeheures Potenzial steckt, ganz groß zu werden. In Hinblick auf meine Karriere wäre es fantastisch, an dieser Entwicklung teilhaben zu dürfen."

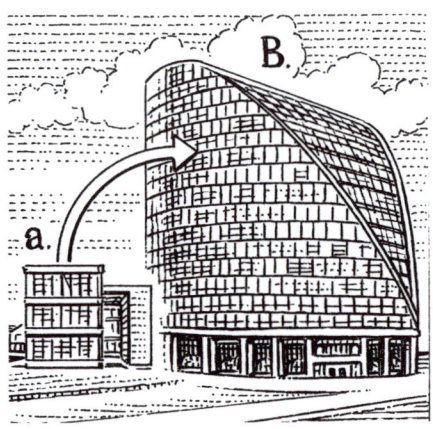

EINEN ROMAN-BESTSELLER SCHREIBEN

>> Sie finden, ein erstes Buch zu veröffentlichen, sei schwierig? Tony Parsons hat ein paar ermutigende Worte für Sie: „Eigentlich befinden Sie sich in einer ziemlich günstigen Lage, weil Ihnen alle Türen offenstehen – niemand erwartet etwas von Ihnen." Parsons weiß, wovon er spricht. Während er als Teenager in einer Londoner Gin-Destillerie arbeitete, schrieb er seinen Debütroman *The Kids* (1976) und sah sich bewogen, eine andere Laufbahn einzuschlagen. Abgesehen von regelmäßigen Zeitungs- und Magazinkolumnen schrieb er mit der Zeit mehrere Bestseller wie seinen Durchbruch *Männlich, alleinerziehend, sucht* (1999) oder *Ewig und drei Schwestern* (2004). Dann verlagerte er sich mit der Max-Wolfe-Reihe auf Krimis, etwa *Die Essenz des Bösen* (2018). So viele Spitzentitel zeugen von literarischem Talent – und Praxiswissen ...

1: EINE NAGELPROBE, DIE JEDE GESCHICHTE BESTEHEN MUSS

„Autoren erfolgreicher Bücher haben einen engen persönlichen Bezug zu ihrem Thema", sagt Parsons. „Es muss nichts sein, was Ihnen selbst passiert ist – siehe George R. R. Martin und *Game of Thrones*." Das ist wichtiger als Originalität. „Bei *Männlich, alleinerziehend, sucht* hätte man leicht fragen können: ‚Was ist so besonders an der Story – jemand verliert seine Eltern, das passiert jedem.' Vieles spricht gegen die Idee, aber wegen dieser zwanghaften Bindung zündete sie." Machen Sie sich auch klar, worum es in Ihrem Buch eigentlich gehen soll, um die gesamte weitere Arbeit daran auszurichten.

2: HALTEN SIE SICH AN EINEN FESTEN ARBEITSRHYTHMUS

Parsons' Trick, um für den Kraftakt Roman aus den Puschen zu kommen? „Ich schreibe die erste Zeile an einem 1. Januar, sonst nichts an dem Tag. Hemingways Mantra zum Überwinden von Schreibblockaden lautete ja, man müsse nur einen wahren Satz schreiben." Binnen einer Woche wird ein Entwurf des ersten Kapitels fertig, bis zum Frühsommer der des gesamten Buchs. Handlung und Personen sind grob vorgegeben, doch Parsons improvisiert auch. Morgens sei die beste Zeit zum Arbeiten.

3: VERARBEITEN SIE ERFAHRUNGEN – ABER NICHT JEDE

„Anfänger denken oft zu Unrecht, was Ihnen selbst passiert ist, sei erstklassiger Stoff. Das stimmt aber nicht zwangsläufig. Alles muss sich auf die Geschichte beziehen." Parsons erinnert sich noch gut daran, als Kind einen Fußball aus der Garage geholt und dabei erstaunt eine Pistole auf dem Rücksitz des Autos seines Vaters gesehen zu haben. So bedeutsam das Erlebnis auch gewesen sein mag, widerstand er der Versuchung, es in *Männlich …* einzubauen. „Es war für meine Kindheit relevant – mein Vater hatte diese dunkle Seite, von der ich nichts wusste –, passte aber einfach nicht zur Erzählung."

4: ES MUSS NICHT AUTOBIOGRAFISCH SEIN

„Viele versuchen, sich selbst zur Hauptfigur zu machen, doch das ist nicht zwingend. Als klasse Gegenbeispiel hält James-Bond-Schöpfer Ian Fleming her. Er war kein Held, sondern lebte im Schatten von Helden und wusste deshalb, wie sich Heldentum zeigte.

Beim Lesen der Bond-Bücher meint man bisweilen, Fleming selbst würde sprechen – etwa über Patriotismus, Frauen, Alkohol oder Jamaika –, aber der Agent ist nicht er. Zum Schatten der eigenen Protagonisten werden, ist optimal, wenn Sie mich fragen."

5: BESORGEN SIE SICH EINEN AGENTEN

Als Parsons mit 16 wusste, dass er Schriftsteller sein wollte, bat er Berühmtheiten um Rat. „Keith Waterhouse schrieb zurück: ,Lieber Tony, du brauchst einen Agenten. Viel Glück, Keith.' Der Tipp war fantastisch – sich darum zu kümmern, ist schon mehr als die halbe Miete." Parsons empfiehlt, den

Agenten Ihrer Lieblingsautoren Briefe zu schreiben, die Aufmerksamkeit erregen, eventuell zusammen mit einer Arbeitsprobe. „Und scheuen Sie sich nicht, Ihren Agenten zu feuern. Die Beziehung zu ihm ist wie jede andere auch; man hält oft zu lang daran fest."

ERFOLG VERSPRECHENDER HÄNDEDRUCK

» Ein überzeugender Händedruck ist wichtig, weil man einen schwachen nicht vergisst. „Dabei wird Oxytocin [das „Kuschelhormon"] ausgeschüttet", erklärt Joe Navarro. „Wenn uns jemandes Händedruck nicht überzeugt, speichert das Hirn ihn dort, wo negative Informationen abgelegt werden." Navarro schärfte sein Gespür für Körpersprache als FBI-Spezialagent und überführte so Spione, wie er in seinem Buch *Allein gegen den Feind* (2017) darlegt. Heute berät er einige der umsatzstärksten Unternehmen in Sachen nonverbaler Kommunikation. Packen Sie ab jetzt wie folgt zu ...

1: NICHT ABWISCHEN

Feuchte Handflächen? „Sie können nichts Schlimmeres tun, als die Hände an der Hose abzuwischen." Rücken Sie stattdessen das Jackett zurecht – zupfen Sie unten an der Knopfleiste oder am Kragenaufschlag –, um die Hände unbemerkt zu trocknen. Das hat den zusätzlichen Vorteil, einen pflegebewussten Eindruck zu vermitteln, der positive Gefühle in anderen auslöst.

2: DER IDEALE HÄNDEDRUCK

Nicht so nahe herantreten, dass Sie in die Privatsphäre Ihres Gegenübers eindringen. Sehen Sie ihm lächelnd in die Augen und heben Sie den Arm selbstbewusst mit nach unten angewinkelten Fingern. Umfassen Sie die Hand herzlich, um die gleiche Energie wie der andere freizusetzen, und drücken Sie nur so fest, wie es die jeweilige Kultur erlaubt – in der Türkei schüttelt man beispielsweise eher locker, Briten packen hingegen kräftiger zu. Sie sollten die andere Hand aber niemals quetschen.

3: ZWEI DINGE MEIDEN

Nicht beidhändig schütteln wie manche Politiker; falls Sie inniger wirken möchten, fassen Sie mit der anderen Hand an den Oberarm des Gegenübers. Zweitens dürfen Sie sein Handgelenk nicht berühren (was geschieht, wenn Sie die Finger gerade ausstrecken), da dies zu intim ist. „So geben Sie ein sehr schlechtes Bild ab."

4: WIE MAN SICH ENTZIEHT

Falls der andere nicht loslässt, reagieren Sie, indem Sie seinen Unterarm kurz drücken. „Das genügt für gewöhnlich zur Ablenkung, um den Händedruck zu beenden." Sollten Sie aber bildlich gesprochen in einen Schraubstock geraten, sprechen Sie darauf an. „Ich habe schon zu Leuten gesagt: ‚Hören Sie, wir sind hier nicht auf dem Jahrmarkt, und meine Hand ist kein Plüschtier.'"

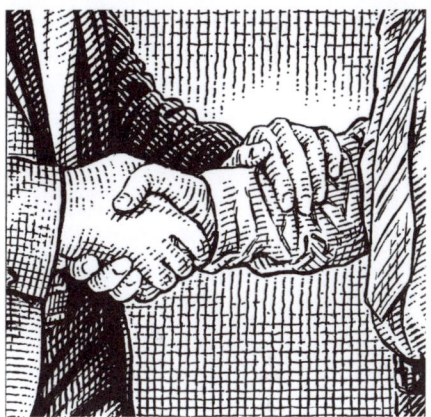

5: SOLLTEN SIE ABER DOCH ZEIGEN MÜSSEN, WER DER BOSS IST …

Lassen Sie sich nicht zum Quetschen, Ziehen oder Verdrehen der anderen Hand verleiten. „Ich mache meine Überlegenheit bevorzugt durch meine Haltung oder Mimik deutlich. Wenn ich die Zeit zum Loslassen für gekommen halte, erkennt man das daran, dass sich mein Gesichtsausdruck verändert. Die angespannten Muskeln bedeuten: ‚Jetzt ist gut.'"

AUFGABEN-LISTEN ABARBEITEN

>> Getting Things Done ist das Kultsystem für mehr Produktivität von u. a. Will Smith, Robert Downey jr. oder Joss Whedon. Das gleichnamige Buch von 2001, in dem es erklärt wird, hat über 2 Millionen Leser gefunden. Der Mann dahinter, David Allen, gehört dem Magazin *Forbes* zufolge zu den 5 besten Verhaltenstrainern Amerikas für Führungskräfte. Was genau hat die Zeitmanagement-Methode GTD nun so beliebt gemacht? „Erstens", beginnt ihr Urheber, „dass sie funktioniert." Im Zentrum steht ein simpler Gedanke: Man hört auf, sich zu stressen, indem man seinen Kopf von allem befreit, was erledigt werden muss, und es in erreichbare Teilziele gliedert. In ihrem vollen Umfang ist die Vorgehensweise komplex, also haben wir uns die Hauptprinzipien von Allen zusammenfassen lassen. Sie genügen bereits, um jeden Tag noch besser auszuschöpfen ...

1: ALLES ERFASSEN

Legen Sie sämtliche „Eingänge" fest – E-Mail- und Briefpostfach, Anrufbeantworter. Laut GTD sollte man so wenige Eingänge besitzen wie möglich. Schreiben Sie zudem alles auf, was Sie beschäftigt – getrennt auf je einen Zettel. Diese gehören ebenfalls auf ihre Eingangsablage. Arbeiten Sie die Punkte systematisch von oben nach unten durch. Fragen Sie sich jeweils, ob sie zu bewerkstelligen sind. Falls nicht, werden sie verworfen oder landen auf einer „Irgendwann"-Liste. Falls aber doch ...

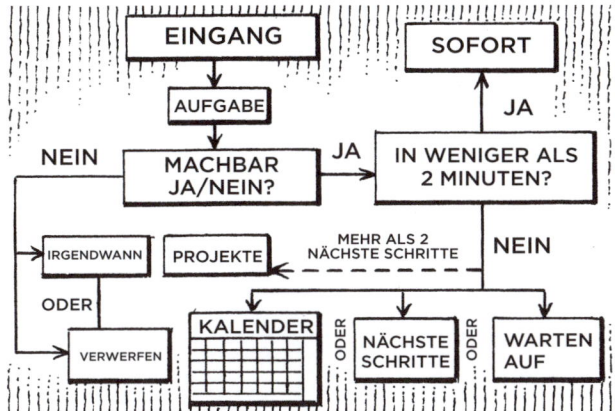

2: „NÄCHSTE SCHRITTE" FESTLEGEN

Der nächste Schritt ist die zum Bewältigen einer Aufgabe nötige konkrete Handlung. Braucht man weniger als 2 Minuten dafür, erledigt man sie sofort. Geht das nicht, sollte man es möglichst bald tun und setzt es auf die Liste „Nächste Schritte" oder – falls es terminlich festgelegt ist – vermerkt es in einem Kalender. Lässt es sich hingegen delegieren, tun Sie dies und legen es in einer „Warten auf"-Liste ab. Aufgaben, die 2 oder mehr nächste Schritte erfordern, gehören zusätzlich auf eine „Projekte"-Liste.

3: KONTEXTE SCHAFFEN

Vermutlich kommen viele nächste Schritte zusammen, die Sie möglichst bald einleiten sollten. „Eine lange Liste davon kann Sie leicht überfordern", also ordnen Sie die Schritte unterschiedlichen „Kontexten" zu – Situationen, in denen sich diese Dinge am leichtesten erledigen lassen, etwa „beim Pendeln", „am PC" oder „daheim". Möchten Sie Besorgungen machen? Gehen Sie die entsprechende Liste durch und arbeiten Sie sie ab. Auch personenbezogene „Kontext"-Listen sind hilfreich, z. B. „Chef" für Schritte, die einen Austausch mit Ihrem Vorgesetzten erfordern.

4: NEHMEN SIE SICH ZEIT ZUM REFLEKTIEREN

Arbeiten Sie Ihre Listen einmal wöchentlich ab. Achten Sie darauf, dass Sie Erledigtes daraus entfernt haben. Wenn Sie dann Ihre Projekte durchgehen, sollte für jedes mindestens eine nächste Handlung eingetragen sein. Was Sie davon nicht mehr tun möchten, streichen Sie entweder ganz oder setzen es auf die „Irgendwann"-Liste. Überlegen Sie, ob etwas von dieser Liste zum Projekt werden könnte. Manche halten sich dazu gern einen fixen Termin frei, etwa den Sonntagabend.

5: NUTZEN SIE WIEDERVORLAGE-ORDNER

Mit sogenannten „Tickler Files" ordnen Sie Dokumente und setzen sich Erinnerungen für den Tag, an dem Sie sie brauchen. Sie beruht auf 43 Ordnern – einem für jeden Tag plus 12 für die Monate des Jahres. Müssen Sie z. B. Ihr Visum am 15. Mai erneuern, legen Sie den Antrag im Mai-Ordner ab. Diesen nehmen Sie am Abend des 30. April heraus und ordnen den Inhalt nach den relevanten Tagen. Der Visumsantrag gelangt dann in Ordner 15. Manche finden die Methode nicht zwingend, unser Experte schon: „Falls Ihnen diese Dinge wichtig sind, brauchen Sie unbedingt ein System."

KRISENBE-WÄLTIGUNG NACH ALASTAIR CAMPBELL

» Während seiner Arbeit für den britischen Premierminister Tony Blair – erst war er Pressesprecher, dann Leiter des Regierungsressorts für Kommunikation und Strategie – meisterte Alastair Campbell schwerste Krisen, etwa 9/11, den Kosovokrieg, die Treibstoffpreis-Proteste im Königreich oder die Maul- und Klauenseuche. Die beiden Letzteren schlugen sich zwar weniger auf internationaler Ebene nieder, waren aber dennoch Notsituationen, wie er im Buch *Winners* (2015) ausführt, „nicht zuletzt, weil sie zu Anfang vermuten ließen, die Regierung habe die Kontrolle verloren und sei machtlos. Das ist durchaus beunruhigend, nicht nur für Kontrollfreaks." Campbell ist wegen seiner Bilanz als Lenker der Labour-Partei im Zuge jener Ereignisse – Blair siegte bei 3 Parlamentswahlen – bis heute ein gefragter Krisenberater für Privatleute wie öffentliche Personen. Was genau er ihnen rät, steht hier …

1: SACHVERHALTE KRITISCH BEWERTEN

Überlegen Sie: Ist das eine Krise oder bloß ein Problem? Campbell definiert Erstere als Situation oder Ereignis, das Sie im Falle von Fehlentscheidungen erdrücken mag. Unnötigerweise ruft man keinen Ausnahmezustand aus – das mag überhaupt erst zur Krise *führen* –, aber spielen Sie auch nichts herunter. „Als Tony und ich den kanadischen Premier Chrétien besuchten, kam mein Stellvertreter Godric Smith in eine Besprechung, um uns auf einen Ausbruch der Maul- und Klauenseuche hinzuweisen. Chrétien sagte: ‚Kümmern Sie sich sofort darum', doch wir reagierten zu langsam."

2: DIE DREI SÄULEN

Campbell überwindet Schwierigkeiten seit 1994 mit der OST-Formel. O(bjekt) ist das anvisierte Ziel, S(trategie) das Kernprinzip auf dem Weg dorthin, und unter T(aktik) fallen die konkreten Einzelschritte. O bedeutet in den meisten Krisen Selbsterhaltung; S und T hängen von den Umständen ab. Wichtig ist, sie zu bestimmen und rasch alle Beteiligten einzubinden, damit jede Maßnahme planvoll im Zeichen von OST steht. Taktisch unklug ist beispielsweise, sofort alles publik zu machen.

3: KLARE ANSAGEN

Man muss sich die Strategie ständig vor Augen halten. Während der Balkankrise etwa „lautete unsere Botschaft: ‚Miloševićs Streitkräfte raus, unsere rein, Flüchtlinge nach Hause.'" Gute Botschaften sind weder formelhaft noch abwehrend und keine wiederholten Parolen (drücken Sie denselben Kerninhalt jeweils anders aus). Krisen brauchen auch ein menschliches Gesicht – aber wählen Sie eine geeignete Person. „Wer seine tägliche Arbeit vorbildlich erledigt, aber kamerascheu ist, taugt nicht dazu, und sein Titel spielt keine Rolle." Zuletzt entkräften Sie falsche Auffassungen.

4: ANPASSUNGSFÄHIGKEIT

„Ein dauerhaftes Problem bietet Kritikern eine Angriffsfläche, weshalb Sie umdenken müssen", sagt Campbell. „Die beste Art der Anpassung ist aber nicht notwendigerweise augenfällig." Nehmen wir die britischen Royals – in den 1990er-Jahren wurde Republikanismus mehrheitsfähig. „Sie passten sich sehr subtil an, um dagegen vorzugehen. Die Facebook-Seite der Queen etwa zeigt Fotos von ihr auf einem Reitpferd, sie zahlt freiwillig Einkommenssteuer, und Touristen dürfen nun in den Buckingham Palace."

5: AUS KRISEN LERNEN

Auch wenn alles hoffnungslos erscheint, denken Sie daran, dass jede Krise ein Ende hat. Deshalb sollte man überlegen, wie es weitergeht, sobald der Normalzustand wiederhergestellt ist. „Bei all den Strategien, die ich mit umgesetzt habe, war die Erleichterung hinterher so groß, dass wir die Zügel vorübergehend ein wenig schleifen ließen." Stattdessen könnte man sich etwa nach einer Ölkatastrophe für eine konsequentere Umweltpolitik einsetzen. Mitunter ist auch Stühlerücken angesagt, um einen Neustart zu dokumentieren. „Womöglich muss auch der Boss abgesetzt werden."

8:

DAS UN-ERWARTETE

 Murphys Gesetz drückt es simpel aus: Alles, was schiefgehen kann, wird auch schiefgehen. Behalten Sie das im Hinterkopf, während Sie die Beiträge zu diesem Kapitel lesen, in denen es u. a. darum geht, wie man eine Entführung überlebt oder Flugzeuge mit Maschinenschaden sicher zur Erde bringt. Wir wollten selbst die abwegigsten Situationen von ausgewiesenen Sachverständigen behandeln lassen, also begegnen Sie im Folgenden Personen mit recht skurrilen Lebensläufen. Da wäre beispielsweise ein ehemaliges Mitglied der US-Navy-Spezialeinheit für Terrorismusbekämpfung und Geiselbefreiung, oder ein Mann, der einen gesellschaftlichen Totalzusammenbruch überstanden hat. Sollte es für Sie einmal ganz schlimm kommen, sind Sie hiermit bestens gerüstet ...

ENTFÜHRT WERDEN UND HEIL HERAUS- KOMMEN

>> Knatternde Schüsse ... Sie hatten Andy McNab entdeckt. Es war Januar 1991 im Getümmel des Zweiten Golfkriegs, und seine SAS-Patrouille hatte es ein paar Tage vorher hinter die irakischen Linien geschafft. Kurz darauf, war die Gruppe in Gefahr geraten und gen Syrien aufgebrochen, um dem Feind zu entkommen. Jetzt wurde McNab aus einem Abflussgraben gezerrt, wo er sich versteckt hatte, und in einen Land Cruiser gesteckt.

In dem Erfolgsbuch *Die Männer von Bravo Two Zero* (1993), das seine Schriftstellerkarriere einleitete, nachdem er dem Militär den Rücken gekehrt hatte, rekapituliert McNab seine 6 lange Wochen andauernde Gefangenschaft – die Befragungen, die Schläge, die Folter. Für den unwahrscheinlichen Fall, dass auch Sie entführt werden, hält er diese lebenserhaltenden Tipps bereit ...

1: IN DER GRAUEN MASSE UNTERTAUCHEN

Fangen wir ganz vorn an. Sie sollten erst gar keine Zielscheibe für Kidnapper abgeben, also zeigen Sie nicht, dass Sie als Person einen Wert haben könnten. „In Moskau fahren viele Reiche 10 Jahre alte Škodas", bemerkt McNab. Geben Sie stets einen falschen Namen an, wenn Sie ein Taxi bestellen, um sich von einem Flughafen abholen zu lassen. „An vielen Airports weltweit lauern Typen mit Handys und Laptops, um die Namen auf den Schildern wartender Fahrer zu recherchieren. Klar, dass ein hochrangiger Unternehmensleiter da auf dem Präsentierteller sitzt."

2: BLOSS WEG HIER!

Im Ernstfall müssen Sie Zeit gewinnen. Dies bedeutet, dass Sie überall dort Fluchtwege ins Auge fassen, wo ein hohes Risiko besteht. Entscheidend ist, die Gefahr auf Abstand zu halten: Laufen Sie an einen sicheren Ort oder springen Sie aus einem Fenster. Ist das unmöglich, fügt man sich. „Reizen Sie aber jede vorhandene Fluchtmöglichkeit aus – Beine in die Hand, und los." Und wenn die Täter bewaffnet sind? „Um ein bewegliches Ziel aus 5 m Entfernung zu treffen, muss man ein sehr guter Schütze sein."

3: BEZIEHUNG HERSTELLEN

In Gefangenschaft gilt es, gesund zu bleiben. Meiden Sie Misshandlungen, indem Sie Befehlen gehorchen und Meinungen beipflichten. Zweitoberstes Gebot: als Mensch wahrgenommen werden. Nennen Sie Ihren Namen und sprechen Sie über Ihre Familie (ein vorbereiteter Kidnapper weiß schon von Angehörigen, also gefährden Sie sie nicht zusätzlich). Fangen Sie ferner mit dem Rauchen an. „Das Universalmittel, um Nähe zu schaffen. Dann eint Sie ein Bedürfnis mit dem Entführer und er muss Sie berühren, wenn er Ihre Kippe ansteckt. Schauen Sie ihm in die Augen, wenn Sie sich bedanken."

4: NICHT VERZAGEN

Akzeptieren Sie Ihre Lage, ohne den Gedanken an Flucht aufzugeben. „Eines kann man Ihnen nicht nehmen: den Verstand, also zusammenreißen." Glauben Sie nicht, Sie seien niemandem das Lösegeld wert – das muss der Täter erst beweisen. Wie man auch geistig gesund bleiben kann, zeigte ein US-Pilot, der 6 Jahre in Vietnam festgehalten wurde. „Er stellte sich vor, ein Haus zu bauen, indem er jeden Tag einen weiteren Stein setzte. Dann legte er einen Garten an, und als der fertig war, wurde verputzt ..."

5: AUFS GANZE GEHEN

Dicke Luft bei Entführern? Ziehen diese häufiger mit Ihnen um? Das heißt, es läuft nicht gut für Sie. Falls Sie ahnen, dass man Sie bald tötet, spricht nichts mehr gegen Widerstand – stoßen Sie den Eimer, in den Sie sich erleichtern sollen, oder schlicht Ihren Aufpasser um, und ab durch die Mitte. „Versperrt Ihnen eine verschlossene Tür den Weg, hat Ihr Stündlein wohl geschlagen – aber man weiß ja nie ..." Andererseits könnte Rettung nahen. Wird Ihr Gefängnis gestürmt: Waffen weg, hinlegen – und nicht aus Erleichterung an die Befreier klammern. „Sie würden zusammengeschlagen."

AUS EINEM SINKENDEN AUTO STEIGEN

»» Geht ein Wagen unter, hat man ungefähr eine Minute Zeit, um hinauszukommen. Aus diesem Grund empfehlen Jon Ehm und Steffan Uzzell von Survival Systems USA, nicht den Notruf zu wählen, sondern sofort auf folgende Technik zurückzugreifen. Ihr 1999 gegründetes Unternehmen im US-Bundesstaat Connecticut, das auf Flucht aus Flug- und Fahrzeugen spezialisiert ist, hat Mitglieder von Sondereinsatztruppen, Nationalgardisten und Bundespolizeibeamte ausgebildet. Am häufigsten geraten Pkw laut Ehm unter Wasser, wenn die Fahrer Überflutungen unterschätzen. „Die meisten, die in ihrem Auto ertrinken, haben sich mutwillig in Gefahr gebracht: ‚Oh, da ist Wasser auf der Straße, ich lass es einfach darauf ankommen und fahre durch.'" In anderen Fällen lässt es sich allerdings nicht ohne Weiteres vermeiden. Und dann entkommt man folgendermaßen ...

1: GUT FESTHALTEN!

Falls Sie irgendwo hinunterstürzen – womöglich sind Sie von einer Brücke oder einem Uferdamm geschleudert –, machen Sie sich auf den Aufprall gefasst. Nehmen Sie die Hände vom Airbag, halten Sie das Lenkrad an den Positionen 10 und 2 Uhr fest, ohne die Daumen umzubiegen. „Sie dürfen nicht am Steuer eingehakt sein, weil sie Sie verletzen könnten", erklärt Uzzell.

2: DIE EINMALIGE GELEGENHEIT

Lösen Sie den Sicherheitsgurt. Da der Wasserdruck die Türen zuhält, lassen Sie schnell eine Scheibe hinunter – das ist knapp 30 Sekunden lang möglich, solange der Wagen Oberwasser hat. Elektrische Mechanismen dürften dann noch funktionieren. „Praktisch alle Hersteller", sagt Uzzell, „statten ihre Wagen nach einer Richtlinie mit Fenstern aus, die man öffnen kann, wenn es schwimmt. Sobald das Wasser aber bis an den Fensterrahmen steigt, bleiben sie geschlossen."

3: MIT ALLER GEWALT

Klemmt das Fenster? Dann müssen Sie das Glas einschlagen. Konzentrieren Sie sich mit einem spitzen Gegenstand oder notgedrungen ihrem Ellbogen auf den Rand der Scheibe. Falls Sie schon sinken, bricht eine Flutwelle voller Splitter herein, also aufgepasst. Verbundsicherheitsglas ist hingegen schwierig zu durchstoßen. Bestehen die Türscheiben daraus, versuchen Sie die Heckscheibe. „Sie dürfte nicht laminiert sein, aber Sie sollten vorab über Ihr Auto Bescheid wissen", rät Ehm. Am Heck bekommt man auch am längsten Luft, weil der Motorblock in der Regel zuerst sinkt.

4: WENN ALLE STRICKE REISSEN

Im schlimmsten Fall, wenn sich keine Scheibe einschlagen lässt, wartet man, bis das Innere komplett geflutet ist. Dann sind Innen- und Außendruck ausgeglichen, sodass man Türen öffnen kann, wenngleich schwerfälliger als sonst. „Bleiben Sie möglichst ruhig und bemühen Sie sich um Entspannung", sagt Ehm. So bekommen Sie länger Luft. Das Risiko zu ertrinken, ist besonders hoch, also steht Flucht durch ein Fenster immer noch als die erste Wahl, zumal eine Tür klemmen könnte.

5: DER EIGENTLICHE AUSSTIEG

Sobald Sie entkommen können, ziehen Sie sich hinaus und stoßen Sie sich von der Karosserie ab. Schwimmen Sie aufs Licht zu – das ist die Oberfläche. „Falls es dunkel ist", bemerkt Uzzell, „halten Sie sich eine Hand vor den Mund und stoßen etwas Luft aus. Sie sollten spüren, in welche Richtung die Blasen entweichen, und sich dorthin orientieren." Sobald Sie aufgetaucht sind und falls Teile des Autos aus dem Wasser ragen, klettern Sie hinauf. Während Sie auf Rettung warten, überprüfen Sie, inwieweit Sie verletzt sind.

SELBST-HILFE BEIM ERSTICKEN

» Dr. Nicholas Hopkinson redet nicht um den heißen Brei: „Sollten Sie sich einmal beim Essen verschlucken, sodass Sie weder atmen noch sprechen können – falls das nicht behoben wird, sterben Sie." Als Facharzt in Sachen Atemwege am Londoner Royal Brompton Hospital arbeitete er an Studien zur Wirksamkeit verschiedener Techniken zur Behandlung von Blockaden mit. Dabei zeigten sich zwei Hauptrisikozeiten, Sonntagmittag beim Essen („leuchtet ein") und Mittwochabend 19 Uhr („warum auch immer"). Bekommt man keine Luft und ist allein, ergreifen Sie diese Maßnahmen …

1: SCHNELL REAGIEREN
Versuchen Sie es mit Husten. Sind Leute in der Umgebung, holen Sie draußen Hilfe.

2: RETTUNGSSTUHL
Niemand da? Drücken Sie sich gebeugt stehend eine Stuhllehne unter den Brustkorb.

3: FESTER DRÜCKEN
Ziehen Sie sich den Stuhl mit zunehmender Kraft an den Unterleib.

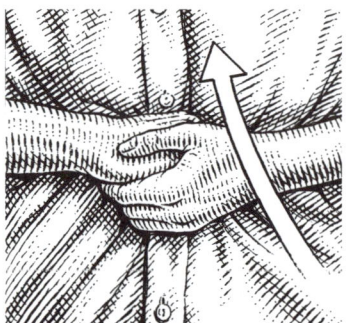

4: OBERBAUCHKOMPRESSION
Ohne Stuhl ballt man die Fäuste über dem Nabel und drückt ruckartig dagegen.

VERFOLGER MIT P.K ABHÄNGEN

>> Unterwegs in Städten fühlen sich die meisten von uns gelenkt: durch Treppenhäuser, Geländer, Absperrungen – gesellschaftlich akzeptierte Wege, auf denen wir uns bewegen dürfen. „Freerunner", sagt Sam Parham. „erkennen in alldem Möglichkeiten, eine grenzenlose Welt ohne Zutrittsverbote."Er ist Routinier in Sachen Parkour (PK) – der Kunst, nur mithilfe des eigenen Körpers zügig von A nach B zu gelangen – und der aufsehenerregenderen Variante Freerunning. Als Mitglied der World Freerunning Parkour Federation, das inernationale Wettkämpfe gewonnen hat und den Weltrekord im Double Vault hält, wurde er schnell zu einem gefragten Stuntman, u.a. für *Game of Thrones* (seit 2011) oder *Star Wars: Das Erwachen der Macht* (2015). Auf der Flucht vor Angreifern gewinnen Sie mit seinen Tipps einen Vorsprung …

1: DIE WAND HOCHGEHEN… ABER NICHT AUS WUT

Sprinten Sie auf eine Wand zu und treten Sie mit einem Fußballen auf für Sie optimaler Höhe dagegen, um horizontale Energie in vertikale umzuwandeln. Parham ist 1,70 m groß und findet etwa 75 cm angemessen. Drücken Sie sich mit einem Ruck nach oben ab, indem Sie die Hände flach an die Wand legen. Greifen Sie mit beiden nach der Oberkante – oder nur mit einer, falls Sie sich weiter ausstrecken müssen – und nutzen Sie den Schwung, um sich noch einmal von der Wand abzustoßen, erst mit einem Fuß, dann dem anderen. Stützen Sie sich mit den Ellbogen auf und klettern Sie hinüber.

2: BEIM LANDEN ABROLLEN

Springt man von einem Hindernis, das den eigenen Körper überragt, muss man Energie ablenken, sonst verletzt man sich. Landen Sie so auf den Fußballen, dass Sie nach vorn kippen, und beugen Sie sofort die Knie. Stützen Sie die Hände auf und rollen Sie mit eingezogenem Kinn vorwärts. „Über harten Grund rollt man besser nicht direkt mit Kopf und Wirbelsäule", sagt Parham. Tun Sie es quer über eine Schulter und der entgegengesetzten unteren Rückenpartie. Nutzen Sie Ihren Schwung dabei aus.

3: DIE KATZE

Für weite oder hohe Sprünge, bei denen Sie nicht auf den Füßen landen können und sich an einer Mauerkante festhalten müssen, eignet sich die sogenannte Katze. Drücken Sie sich dazu aus dem Stand von den Fußballen ab, indem Sie die Arme ganz nach vorn ausstrecken. Konzentrieren Sie sich auf die Stelle, die Sie greifen werden. Im Sprung zieht man die Füße vor, um den Aufprall abzufedern – sie müssen etwas früher als die Hände oder zeitgleich mit ihnen auftreffen. In dem Moment beugen Sie die Knie. Achtung: Falls Sie mit Anlauf springen, erhöht sich die Aufprallwucht.

4: **DER SPEED VAULT**

„Dieser Sprung gilt als eine der zweckmäßigsten Methoden, um Wände, Geländer – egal was – zu überwinden." Springen Sie etwa 1 m vor dem Hindernis mit einem Fuß ab und reißen Sie den anderen hoch. Anders als beim Hürdenlauf neigen Sie den Körper aber seitwärts, um nicht so hoch aufsteigen zu müssen. Im Flug zieht man das hintere Bein wie bei einem Scherenschlag vor, ehe man den Körper mit einer Hand auf dem Hindernis aufrichtet, um mit dem vorderen Fuß zu landen und weiterzulaufen.

5: **DER PRÄZISIONSSPRUNG**

Er eignet sich für gefährliche Landungen, um weder vom Hindernis zurückzuprallen noch vom eigenen Schwung mitgerissen zu werden. Man springt dabei mit leicht überstehenden Zehen und vorwärts ausgestreckten Armen von einer Kante ab. Nun zieht man die Beine vor, damit die Fußballen etwas früher als der Rest des Körpers aufs Ziel treffen, und beugt die Knie zuerst ein wenig, beim Aufprall dann noch etwas mehr. Letztlich ist es vor allem Übungssache. „Manchmal, wenn ich losziehe, mache ich nur 100 Präzisionssprünge und trainiere sonst nichts mehr an dem Tag."

EINEN BEISS-WÜTIGEN HUND ABWEHREN

» Clint Emerson weiß sich zu behaupten. Während seiner 20-jährigen Karriere in der US Navy nahm er an Spezialeinsätzen auf der ganzen Welt teil. Zuerst gehört er der Einheit SEAL Team 3 an, die im Irakkrieg 2003 eine tragende Rolle bei der Invasion spielte. „Ich sicherte mit meinem Zug Ölquellen am Persischen Golf", erzählt Emerson, dessen *Survival-Handbuch der Navy SEALs* 2015 ein Renner wurde. Nach seiner Rückkehr erwarteten ihn in Team 6 eher „verborgene, heimlichere" Aktionen – allen voran Osama bin Ladens Tötung. Einen Hundeangriff zu vereiteln, ist für ihn demnach Kinderkram …

1: DIE BEDROHUNG BEWERTEN

Achten Sie auf die Körpersprache des Hundes. Warnzeichen sind ein steifer Schwanz und ein gesenkter Kopf, die eine nahezu gerade Linie mit dem Rest des Körpers bilden, Knurren und gebleckte Zähne, während er auf Sie zukommt. Verhält sich das Tier so, müssen Sie schnell reagieren. „Hunde machen meistens ernst und warten nicht unbedingt lange."

2: DIE SITUATION ENTSPANNEN

Man darf weder weglaufen noch sich umdrehen, doch versuchen Sie, langsam zurückzuweichen. Funktioniert dies nicht, geben Sie sich einen Anschein von Größe – breitbeinig aufstellen, mit den Armen über dem Kopf rudern – und rufen Sie laut. Einen Vorteil verschaffen Sie sich dadurch, dass Sie auf ein Hindernis klettern, beispielsweise ein Auto.

3: IST EIN ANGRIFF UNAUSWEICHLICH...

... ziehen Sie Ihr Oberteil aus und wickeln es um einen Ihrer Arme. Diesen halten Sie dem Hund hin – sehen Sie aber zu, dass er weiter oben zubeißt, am besten am Ellbogen, denn das bewahrt Sie vor den schlimmsten Verletzungen. „Weiter unten am Arm liegen die Arterien und Venen dichter unter der Haut."

4: DEN HUND NIEDERRINGEN

Statt Schaden zu nehmen, indem Sie den Arm zurückziehen, lassen Sie sich auf den Hund fallen (sollte das nicht möglich sein, packen Sie ihn am Hinterkopf). Als Nächstes drücken Sie ihm den Arm fest ins Maul – das wird er als äußerst unangenehm empfinden. Sie können ihm auch auf die Augen oder die Schnauze und hinten gegen die Vorderläufe schlagen, denn dies sind jeweils empfindliche Stellen.

5: WUNDBEHANDLUNG

Gelingt es, dem Hund solche Schmerzen zu bereiten, dass er loslässt, kann man auf Abstand gehen. Gut möglich, dass Sie bluten, also halten Sie die Wunde zuallererst hoch und üben Sie direkten Druck darauf aus, um die Blutung zu stillen. Falls das nicht helfen sollte, binden Sie sie ab und suchen Sie schnell einen Arzt auf.

EINEN TSUNAMI ÜBERLEBEN

» Rollt ein Tsunami heran, schlägt man sich die Idee, dabei zuzuschauen, wie die Welle anbrandet, tunlichst aus dem Kopf. „Mancher verspricht sich Spaß davon", kritisiert Jagan Chapagain, ein Untergeneralsekretär der Internationale Rotkreuz- und Rothalbmond-Bewegung (IFRC). „Tsunamis entstehen so selten, dass der Allgemeinheit die Folgen schlichtweg nicht klar sind." Die Flutwellen, die durch Seebeben, Vulkanaktivität oder Erdrutsche im Meer verursacht werden, können viele Meter hoch sein und erzeugen enorme Kraft. „Ich war kurz nach dem Tsunami [2011] in Japan. Er hatte eine verheerende Wirkung auf ausnahmslos alles auf seiner Bahn. Menschen, Fahrzeuge, Gebäude, Bäume, Stromleitungen – die totale Zerstörung." Das Rote Kreuz wird nach solchen Katastrophen mobil, doch ein Großteil seiner Arbeit beruht auf Bereitschaft ...

1: BEI EINER TSUNAMIWARNUNG IST ABREISEN ANGESAGT

Erdbeben können das erste Indiz sein. „Hören Sie irgendeinen Radiosender – Hauptsache, Sie halten sich auf dem Laufenden – und verfolgen Sie online die Nachrichten." Der Begriff „Tsunami Watch" steht für einen Hinweis auf die Möglichkeit eines Tsunamis, weshalb man sich auf eine Höhe von mindestens 100 m über dem Meeresspiegel oder 3 km landeinwärts begeben muss. „Bereiten Sie sich auf Evakuierung vor." Eine tatsächliche Tsunamiwarnung bedeutet, dass eine Welle entstanden ist. „Lassen Sie alles stehen und liegen." Wer die Welle sieht, ist zu nah dran.

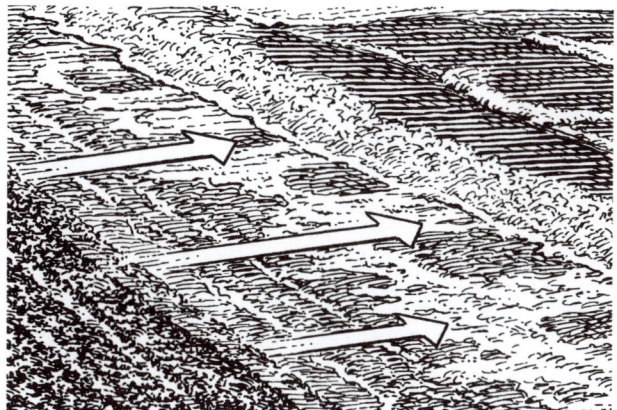

2: ANZEICHEN IN DER NATUR

Vor einem Tsunami kann man beobachten, wie sich das Wasser sehr weit von der Küste zurückzieht. „Manchmal über Hunderte von Metern hinweg, und je weiter, desto größer die Gefahr. Das einzig ‚Gute‘ daran ist, dass es dann relativ lang dauert, bis die Welle die Küste erreicht – mitunter mehrere Stunden." Außerdem sieht man, dass sich Tiere im Vorfeld ungewöhnlich verhalten. „Wenn wir mit den Menschen vor Ort sprechen, erzählen sie, dass das wirklich jedes Mal passiert."

3: HOCHGELEGENE ORTE, FALLS FLUCHT UNMÖGLCH IST

Hohes Gelände ist ideal, weil Tsunamis selbst feststehende Gebäude einreißen. Bleibt Ihnen aber nichts anderes übrig, als auf ein Dach zu steigen, sollte es sich um einen Betonbau handeln, am besten eine öffentliche Einrichtung. „In der Ersten Welt, wo strenge Sicherheitsbestimmungen gelten, ist die Bausubstanz von Krankenhäusern, Polizeistellen und Schulen generell hochwertig. Solche Richtlinien werden aber in vielen anderen Ländern nicht eingehalten." Die letzte Option, wenn keine Gebäude in der Nähe sind: auf einen kräftig aussehenden Baum klettern und beten.

4: GERATEN SIE INS WASSER, HEISST ES, GUT FESTHALTEN

Falls Sie in die Flut geraten, haben Sie ein gewaltiges Problem. „Bleibt nur der Rat, sich an irgendetwas zu klammern." Von der eigentlich naheliegenden Möglichkeit, auf ein Auto zu klettern, sollte man indes absehen, weil Metall im Allgemeinen ziemlich leicht Schaden nimmt. Chapagain bemerkt, dass es schon Betroffene gab, die einen Tsunami überlebten, indem sie sich bis zu ihrer Bergung an einem Baum festhielten. Die Chance hingegen, in Sicherheit zu schwimmen, ist gleich null.

5: NICHT ZU FRÜH FREUEN

Ein Tsunami ist im Gegensatz zur verbreiteten Auffassung nicht einfach nur eine Riesenwelle. In Wirklichkeit folgen wahrscheinlich mehrere aufeinander, und das innerhalb weniger Minuten und oft mit noch größerer Kraft. „Manchmal dauert es aber 10 bis 12 Stunden bis zur nächsten. Solange die Behörden keine Entwarnung geben, muss man in Sicherheit bleiben." Ergo sind Sie sogar auf einem Gebäudedach besser aufgehoben, bis die Entwarnung erfolgt. Wenn Sie sich hervorwagen, meiden Sie umgekippte Strommasten und Bauwerke wie Brücken, die einstürzen können.

HABEN SIE EINEN SCHATTEN?

>> Um heimliche Beobachter zu stellen, eignen sich Maßnahmen, zu deren routinierter Durchführung Angestellte von Sicherheitsdiensten gründlich ausgebildet werden – und auch Laien können heutzutage, da Unternehmensspionage ein lohnendes Geschäft ist, davon profitieren. „Firmenchefs im vertraulichen Gespräch mit anderen Konzernen oder Journalisten, die einen Informanten treffen", führt Peter Jenkins an, „sollten Standardmethoden kennen, um sicherzugehen, dass sie niemand verfolgt." Der Ex-Soldat der Royal Marine hat sich auf Spionage- und Terrorismusabwehr verlagert, wozu er 1990 die Observationsschule ISS Training gründete. Was seine Kunden aus 17 Ländern dort lernen – Leibwächter von Diplomaten, Nachrichtendienste, Bundespolizisten, Personenschutzbeamte –, bieten wir Ihnen nun in Kurzform …

1: DIE VERRÄTERISCHEN DREI

Die folgenden Methoden sind zur Erkennung von Beschattungsteams vorgesehen. Worauf genau achtet man aber dabei? Im Wesentlichen kommt es darauf an, dieselbe Person an 3 verschiedenen Orten anzutreffen. Das nächste Warnzeichen ist unnatürliches Benehmen, z. B., wenn jemand ins Leere glotzt, mit dem Mund am Kragen spricht oder Ihre Handlungen nachmacht. Verdächtigen Sie jemanden, achten Sie auf seine Schuhe. „Eine Jacke lässt sich unterwegs flugs wechseln, und Frauen könnten Jeans unter einem langen Rock tragen, doch Schuhe behält man wohl an."

2: VERTRETEN SIE SICH DIE BEINE

Ziehen Sie sich zu Fuß aus allem Getümmel zurück. Wenn Sie sich zum Vergewissern umdrehen, tun Sie es unauffällig, etwa während Sie jemandem eine Tür aufhalten oder an einem Fußgängerweg, wo Sie die Ampel betätigen, in beide Richtungen die Straße entlangschauen und vorgeblich auf den Verkehr achten. Man kann Verfolger auch in „Engpässen" abhängen, z. B. auf schmalen Übergängen oder in Kaufhäusern. Dort warten Sie versteckt darauf, dass dubiose Gestalten durch den Eingang kommen.

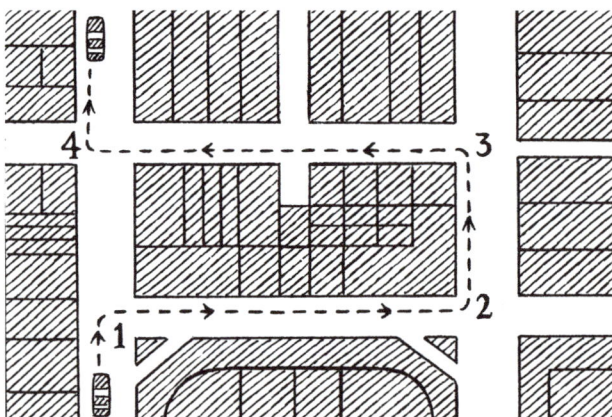

3: UM MEHRERE ECKEN

Beim Autofahren bietet sich die klassische Methode „Einmal um den Block" an. Behalten Sie auf der abgebildeten Strecke den Rückspiegel im Blick. Bleibt ein fremder Wagen ununterbrochen hinter Ihnen, obwohl er schlicht hätte gereadeaus fahren können, ist er äußerst suspekt. Da Sie den Verfolgern womöglich nicht zeigen wollen, dass Sie Bescheid wissen, überlegen Sie sich einen Grund für Ihre umständliche Route. „Halten Sie an einem Kiosk hinter einer der Abbiegungen und gehen Sie etwas kaufen bevor Sie weiterfahren. Das ändert nichts an dem Umweg, wirkt aber glaubwürdiger."

4: ZU HAUSE FALLEN STELLEN

Wer sich beobachtet glaubt, mag sein Haus mit einer Überwachungskamera ausstatten, um Einbrecher dingfest zu machen – aber unter Zeitdruck helfen auch einige althergebrachte Tricks. Sie könnten Klebeband an einer Stelle anbringen, wo sich Tür und Rahmen berühren. Öffnet dann jemand, hinterlässt er unbemerkt eine Spur. „Oder Sie streichen den Flor auf einem Stück Teppich in die andere Richtung, sodass man erkennt, wenn jemand ihn betreten hat."

5: SIE WERDEN ALSO BESCHATTET – UND NUN?

Bewahren Sie einen kühlen Klopf. Fühlen Sie sich bedroht, verständigen Sie die Polizei. Das Überwachungsteam zu enttarnen, wäre aber eventuell besser. Konfrontation ist eine Möglichkeit, aber es geht auch pfiffiger – fragen Sie doch nach dem Weg oder wie spät es ist. „So stoßen Sie die Beschatter gehörig vor den Kopf." Wie dem auch sei: Vorausgesetzt, Sie haben etwas zu verbergen, müssen Sie ab jetzt vorsichtig sein. „Wenn ich eines nicht nicht tun würde, nachdem ich Verfolger bemerkt habe, dann meinen Weg fortsetzen. Vermutlich wollen sie schlicht wissen, wohin er mich führt."

EIN FLUGZEUG MIT MASCHINEN- SCHADEN LANDEN

» Sie reisen in einem Leichtflugzeug. Klar, Triebwerkschäden sind unwahrscheinlich, und es erscheint noch abwegiger, dass der Pilot plötzlich nicht mehr flugtauglich ist, weshalb es nun an Ihnen liegt, den Vogel zu landen – doch Finagles Gesetz besagt: Alles, was schiefgehen kann, geht schief, und zwar im ungünstigsten Moment. Würden Sie darum nicht lieber wissen, was dann zu tun wäre? Wir baten Captain Rob Sedgwick um einen kurzen Leitfaden. Er war lange Pilot von Verkehrsflugzeugen wie der Boeing 737, 747 oder 777 und arbeitet heute für den Ausbilder Virtual Aviation. Jeder in seinem Beruf muss auf Ereignisse wie Triebwerkschäden gefasst sein. „Bei Fluggesellschaften nimmt man an recht intensiven Kursen im Simulator teil, wo man mit praktisch allen ‚anormalen' Situationen und Ausfällen konfrontiert wird." Spielen wir den Ernstfall doch einmal durch ...

1: HILFE ANFORDERN

„Zuerst probiert man das Triebwerk erneut", sagt Sedgwick. Drehen Sie einfach am Schlüssel (8 auf dem nächsten Bild). Falls es nicht anspringt und der Pilot weiterhin ausscheidet, rufen Sie Hilfe. Setzen Sie das Headset auf, drücken Sie die Sprechtaste (7) und sagen Sie „Mayday, Mayday", gefolgt vom Flugzeugkennzeichen, das meistens am Armaturenbrett steht. Keine Antwort? Wählen Sie am Funkgerät (6) die Standard-Notruffrequenz 121,5 und geben Sie am Transponder (5), einem meistens mit XPDR oder TPX beschrifteten Kasten mit vierstelliger Anzeige, den Luftnotfallcode 7700 ein.

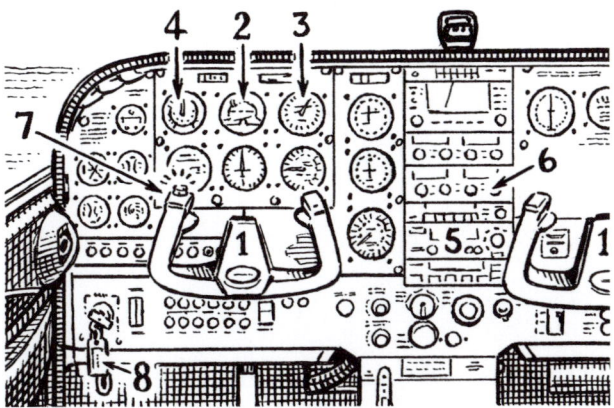

2: DIE KONTROLLE ÜBERNEHMEN

Falls Sie per Funk Kontakt zu jemandem aufnehmen können, wird die Person Sie durch die Schritte zur Landung führen. Ob mit oder ohne Hilfe: Der Ablauf ist derselbe. Greifen Sie zuerst das Steuerruder (1). Drücken Sie, damit sich der Bug nach unten neigt. Ziehen richtet ihn auf, nach links und rechts lenken Sie. Verschaffen Sie sich auch einen Überblick der Hauptinstrumente: künstlicher Horizont (2) zum Bestimmen der Raumlage, Höhenmesser (3) und Fahrtmesser (4) für die Geschwindigkeit.

3: ZEIT GEWINNEN

Antriebsflugzeuge segeln zwar auch, sinken aber rascher als spezialgefertigte Gleiter. Mit ausreichender Eigengeschwindigkeit (falls das Flugzeug gerade am Absteigen war) können Sie vielleicht aufsteigen. „Je höher man kommt, desto länger hat man Zeit, um Probleme zu beheben." Passen Sie dabei auf, nicht zu überziehen – das heißt, dass das Flugzeug aufgrund seiner Aufwärtsneigung zu langsam wird, um Auftrieb zu erhalten. Geschieht dies, fängt der Rumpf zu vibrieren an und ein Warnsignal ertönt. Zum Ausgleich drücken Sie das Steuer nach unten, bis der Alarm aufhört.

4: IST EIN FLUGPLATZ IN DER NÄHE?

Steuern Sie ihn an. „Das ist besser als nichts, weil es dort Notdienste und Vorkehrungen für Absturzfälle gibt." Kommt diese Lösung nicht in Betracht, suchen Sie breite Straßen, doch achten Sie auf den Verkehr. „Leider führen die Hauptwege oft unter Brücken hindurch, was mir aber lieber wäre als eine Landung auf freiem Feld. Sollte es gar nicht anders gehen, sucht man ebenes Gelände und keinen umgepflügten Acker. Dass sich Golfplätze recht gut eignen, dürfte offensichtlich sein."

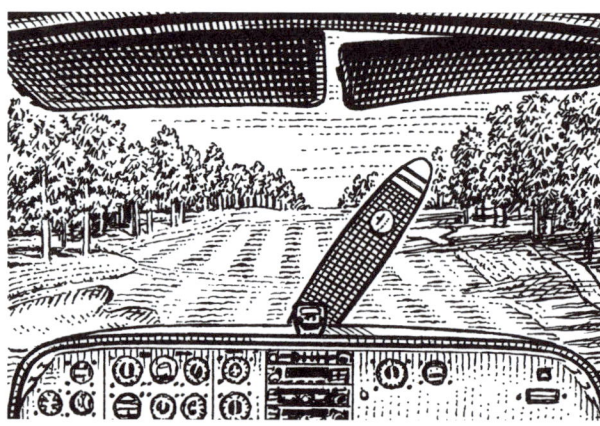

5: DEN VOGEL RUNTERBRINGEN

Vertrauen Sie beim Anflug auf Ihre Intuition. Passt eine Faust zwischen Horizont und Bug, kommt das ungefähr hin. „Man sollte in einem flacheren Winkel absteigen als bei einer Landung mit Motor. Für gewöhnlich möchte man annähernd über die Landestelle gelangen, lässt das Flugzeug so weit sinken, wie man sich traut, und fängt es im letzten Moment ab." Dazu ziehen Sie das Steuer mit Gefühl zurück, bevor Sie am Boden aufsetzen. Zum Bremsen treten Sie mit den Zehen auf den oberen Teil der Ruderpedale. Danken Sie Ihrem Schutzengel dafür, unverletzt angekommen zu sein.

EIN WELTUNTERGANGSSZENARIO ÜBERLEBEN

» „Sobald die öffentliche Ordnung zusammenbricht, zeigt der Mensch sein wahres Gesicht", behauptet Selco Begovic. „Sie würden sich wundern, von wie viel Schlechtigkeit Sie umgeben sind." Er kennt sich dahingehend aus. Während des Bosnienkonflikts Anfang der 1990er-Jahre schlug er sich ein Jahr lang in einer belagerten Stadt ohne Lebensmittel, Elektrizität oder Gesetze durch. Heute gibt er sein Wissen an der SHTF School („shit hits the fan" für „wenn es ganz dicke kommt"), an angehende Überlebenskünstler weiter, die nicht nur auf Katastrophen gefasst sein, sondern auch wirklich nützlichen Stoff lernen möchten. „Survival ist eine Riesenbranche, in der aber viel Augenwischere betrieben wird", klagt er. Hinsichtlich seiner Erfahrung dürfen Sie jedoch sicher sein, dass seine Tipps für den Fall eines gesellschaftlichen Zusammenbruchs Hand und Fuß haben …

1: EINEN FLUCHTRUCKSACK PACKEN

Enthalten sind die wichtigsten Dinge, die Sie beim Untertauchen mitnehmen. Legen Sie alles aus, um das absolute Minimum für die jeweilige Situation beisammen zu haben. Bedenken Sie die Art des Unterschlupfs, Hygiene, Nahrung, Feuer, Wasser, Werkzeug, Kleider und Schuhe. Zudem sollte man zwischen 3 Gepäckarten wählen können, einem Armeerucksack, einem kleineren und einem Koffer. Die Dauer der Abwesenheit bestimmt, was man packt, und Sie wollen unauffällig bleiben. Sind die Gesetze außer Kraft, könnten Sie schon wegen eines Koffers überfallen werden.

2: HALTEN SIE SICH AN IHREN PLAN

Idealerweise haben Sie sich auf ein sicheres Versteck für den Katastrophenfall festgelegt und treffen sich dort mit Freunden. „Viele stellen sich darunter eine kleine Waldhütte vor, doch der durchschnittliche Städter kann in der Wildnis nicht leben, geschweige denn überleben." Arrangieren Sie vielmehr eine Bleibe in einer Dorfgemeinde unter Leuten, die Sie kennen. Halten Sie sich mehrere Wege und Mittel offen, um dorthin zu gelangen, wobei Gefahrenherde (Brücken, Innenstädte, Tankstellen) zu meiden sind.

3: DENKEN SIE NICHT NUR AN GELD

Geld wird Ihnen kurzfristig helfen, aber auf lange Sicht hin an Wert verlieren. Manche in der Survival-Szene schwören auf Goldbarren. „Ich würde eigentlich, falls ich etwas kaufen und später damit handeln wollte, 100 oder 1.000 Einwegfeuerzeuge anstelle von 100 g Gold nehmen." Möchten Sie dennoch Edelmetall für größere Anschaffungen, horten Sie geringe Mengen – sagen wir 30 Goldringe. Ein einzelner ist ein praktischeres Tauschmittel; man kann ihn abziehen und hergeben, als sei es der einzige, den man besitzt, ohne den Vorrat preiszugeben. Das ist viel sicherer.

4: WOVON ERNÄHREN?

Wer Selbstversorgung für leicht hält, irrt gewaltig. „Wer im urbanen Raum wohnt, realisiert nicht, wie viel Arbeit dies bedeutet." Deshalb brauchen Sie in Ihrem Unterschlupf Lebensmittel, die ein halbes bis ganzes Jahr ausreichen sollten. Beziehungen zu Nachbarn, die Landwirtschaft betreiben können, sind ein Muss, und gehen Sie selbst dazu über. Hühner- und Kaninchenzucht sind mit wenig Aufwand verbunden – der Anbau von Kartoffeln und Bohnen ebenfalls, weil sie fast überall wachsen.

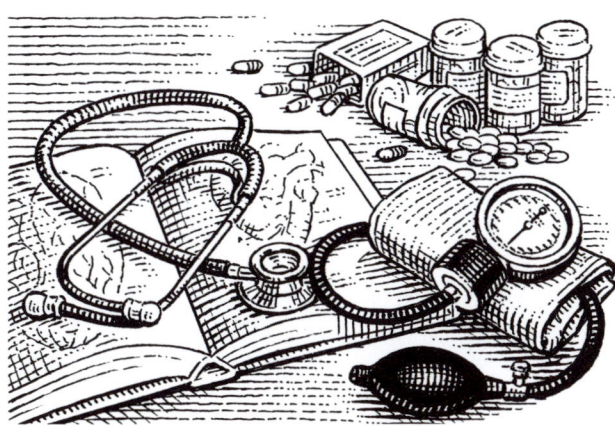

5: ABWEHR IN JEDER HINSICHT

Sind Waffen in Ihrem Land frei erhältlich, wählen Sie weitverbreitete, um leichter an Munition zu gelangen; sind sie es nicht, spricht trotzdem nichts dagegen, sich für den Notfall damit vertraut zu machen. Die größte Gefahr für Ihr Leben dürften aber Krankheiten sein. Beschaffen Sie sich Arzneimittel gegen Durchfall – es wird vor Darmkeimen wimmeln –, informieren Sie sich, falls Sie ein chronisches Leiden haben, eingehend darüber und decken Sie sich mit den benötigten Medikamenten ein. „Da womöglich kein Gesundheitssystem mehr existiert, werden Sie Ihr eigener Arzt."

REGISTER

ÜBER DEN AUTOR

»» Charlie Burton lebt und arbeitet als Journalist in London. Als leitender Redakteur von *GQ* reicht sein Spektrum von Prominentenporträts bis zu politischen Kommentaren. 2015 begann er seine monatliche Kurzratgeber-Kolumne „Bring Your ‚A' Game", die dieses Buch inspiriert hat. Burton ist Absolvent des Lincoln College in Oxford und ehemaliger Mitherausgeber von *Wired*.

DANK-SAGUNG

»» Zuallererst möchte ich allen danken, die so freundlich waren, sich von mir für dieses Buch interviewen zu lassen. Ohne sie wäre es nie erschienen, und hoffentlich empfinden Sie die Art, wie ich ihr Wissen aufbereitet habe, als angemessen. Das Buch wäre außerdem nur halb so gut ohne Dave Hopkins' liebevollen Illustrationen. Mit ihm zu arbeiten war ein Vergnügen.

Zu tiefstem Dank verpflichtet bin ich auch *GQ*-Chefredakteur Dylan Jones, weil er mich vor all den Jahren angestellt, stets unterstützt und aufgebaut hat. Eine Menge schuldig bin ich Bill Prince, sowohl für seinen Rat als auch seine Hilfe bei der Umsetzung der Kolumne, die dem Buch zugrunde liegt, sowie Harriet Wilson als treibender Kraft, die alles möglich gemacht hat. Zudem danke ich Paul Henderson, Jonathan Heaf, Stuart McGurk, Paul Solomons, Oliver Jamieson, Eleanor Halls, George Chesterton, Mark Russell, Agnes Bataclan und allen bei *GQ*.

Meine Hochachtung verdient zudem Octopus Publishing: Joe Cottington für die Akquise des Projekts, Sybella Stephens für ihre Fähigkeiten als Lektorin, Jonathan Christie für sein gestalterisches Gespür. Dank gilt auch meinem Agenten Ben Clark, der zwei der Interviewten vermittelt hat, und dem gesamten Team von LAW.

Vor allem richte ich meine Liebe und Dankbarkeit an meine Familie und Emily im Besonderen, die mir auf so viele Arten geholfen hat – sogar während der Planung unserer Hochzeit.